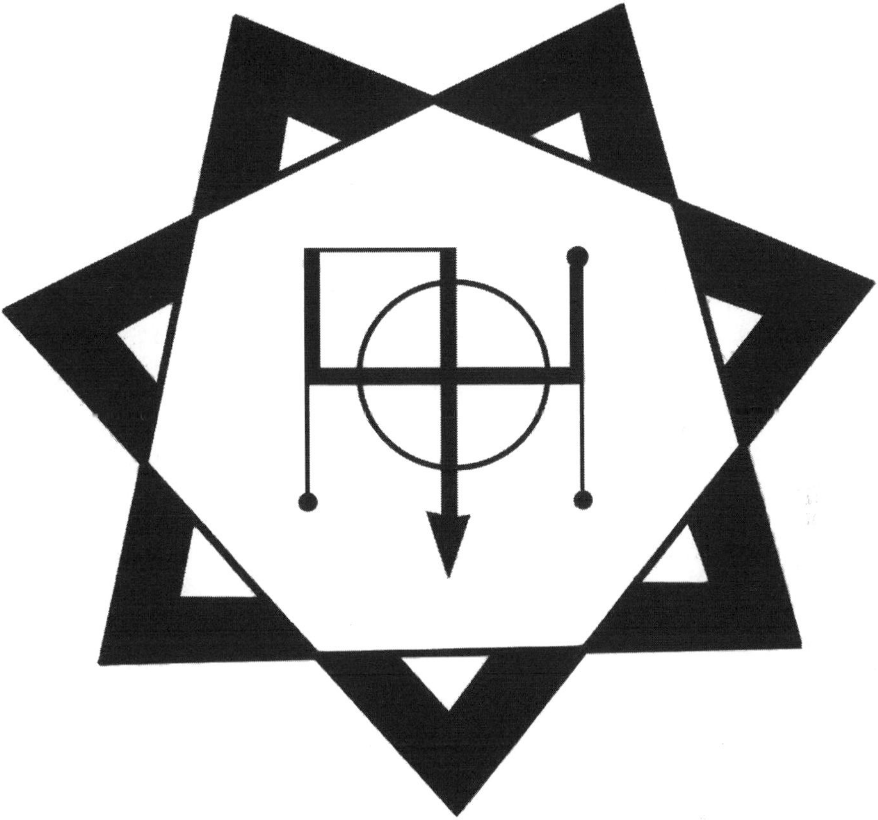

Präkognition

Hellsehen oder das Zweite Gesicht

von
Frater Raskasar

Zum Buch:

Es handelt sich bei diesem Buch um die Ausbildungsmanuskripte des hermetisch magischen Ordens OAH (Ordo arcanum de Hermetica), herausgegeben und autorisiert vom Repräsentanten des Ältestenrates des Ordens, Frater Raskasar.

Weitere Titel aus dieser Reihe von Frater Raskasar:

Die Runen und das Ogham, Bohmeier Verlag 2006, ISBN 978-3-89094-475-3
Die vier Elemente in der Magie, Symbole d. Autorität, ISBN 978-3-89094-476-0
Edelsteine und das siderische Pendel, von Frater Raskasar und Sor. Kysira, ISBN 978-3-89094-693-1
Kundalini - Die Kraft der schlafenden Schlange, ISBN 978-3-89094-576-7
Exorzismus, Die Austreibung böser Kräfte, ISBN 978-3-89094-731-0
Blutmagie, Lebenskraft als Potential des Wirkens, ISBN 978-3-89094-730-3
Telepathie, Die Macht des Geistes nach einer Vorlage von Karl Spiesberger von Frater Raskasar, ISBN 978-3-89094-733-4

ISBN 978-3-89094-732-7

INHALTSVERZEICHNIS

Hinweis des Verlages

Wir weisen darauf hin, dass diese Buchreihe erstmals Ordensinterna, d. h. ursprüngliche Manuskripte aus der theoretischen und praxisorientierten Arbeit weitergibt. Beim Lernen und Anwenden der Techniken innerhalb des Ordens, war und ist die Hilfe von Ordensmitgliedern meist selbstverständlich, so dass letztlich auch immer eine „Kontrollinstanz“ gegeben ist.

Nun gibt es inzwischen viele Adepten, die sich alleine auf die ereignisreiche, aber auch gefahrvolle Reise der Selbsterkenntnis begeben.
So wie eine Tasse Kaffee Ihre Psyche und Physis in Form von Wachheit und Kreislaufanregung verändern kann, so können grundsätzlich alle Methoden und Übungen, die man sich erarbeitet, zu einer Geistes-, Gemüts- und Physis-Veränderung führen. Dabci ist es letztlich egal, was Sie tun: Ob Sie den ganzen Tag bei TV-Serien abhängen oder sich aktiv im Leben, im Beruf oder ‚sonst wie‘ und ‚sonst wo‘ befinden, – verändern werden Sie sich immer durch Ihr Tun und Handeln. Der kleine Unterschied zum „magischen Pfad“ besteht (nur) darin, sich gezielt und bewusst hin zu seinen eigenen Wünschen und Ideen zu ändern.

Wir möchten deshalb unbedingt noch einmal ganz deutlich machen: *Das Anwenden und Verwenden der in diesem Buch beschriebenen Praktiken und Übungen, kann sich auf Ihre Psyche und körperliche Gesundheit auswirken* und sollte nur von einem geübten Praktiker (und/oder zum Teil nur unter Aufsicht) ausgeführt werden. Die absolut minimalste grundsichernde Voraussetzung, ist ein „magisches Tagebuch“ welches kontinuierlich als „Kontrollinstanz“ geführt wird.
Im Zweifel sollten Sie immer Rat (ärztlichen oder psychologischen) suchen. Dies gilt insbesondere auch dann, wenn hier Tipps zu Krankheiten, Beschwerden und Heilungsmethoden usw. gegeben werden.

Einige Titel aus dieser Reihe beschreiben Praktiken und enthalten Arbeitsanweisungen und Methoden, die weit vom üblichen Mainstream abweichen. Deshalb auch hier noch einmal der Hinweis: Alle auffordernden Textpassagen („Tue jetzt dies ...“ und „als nächstes jenes …“ stellen nur *Möglichkeiten* an eine Herangehensweise dar. Autor und Verlag weisen ausdrücklich darauf hin, dass sie *keinesfalls als eine Aufforderung* (etwas Bestimmtes zu tun oder zu lassen) *zu verstehen sind.* Keinesfalls wird hier zu Drogenkonsum, Straftaten und/oder ähnlichem aufgerufen. Jedes Lebewesen sollte (auch und gerade in seiner Unverletzlichkeit) respektiert werden.

Der Bohmeier Verlag ist frei von jeglichen Ansprüchen bezüglich eventueller Verletzungen von Körper, Gesundheit, Eigentum oder anderen materiellen und/oder immateriellen Werten oder Folgen, die durch den Gebrauch oder Missbrauch der in diesem Buch gegebenen Hinweise entstehen könnten. Die Verwendung dieses Buches und die Umsetzung der darin enthaltenen Hinweise erfolgt ausdrücklich auf eigene Gefahr.

Wir wünschen Ihnen viel Erfolg!

Übungstagebuch

Übungsname:	
Datum:	Übungsdauer von _______________ bis _____________________________
Ort:	
Übungsbeschreibung:	
Erlebnisse, Gefühle, Empfindungen während der Übung: Probleme: Problemlösungsideen:	
Besondere Vorkommnisse:	
Ergebnisse der Übung:	
Ergebniszufriedenheit:	Wünsche:
Fortschritte:	Ziel:

Dies ist eine Kopiervorlage vom Bohmeier Verlag, die Sie frei kopieren und verwenden können. Natürlich können Sie auch eine eigene Vorlage erstellen, angepasst an Ihre individuellen Übungen.

VORWORT UND THEORETISCHE EINFÜHRUNG

Auch die Präkognition (lat. = voraus erkennen) ist eine Geistesdisziplin für welche es keiner speziellen „Begabungen“ bedarf, sondern sie muss vielmehr mit Ausdauer, Kontinuität und Disziplin erarbeitet werden. Die Grundlage dazu ist in jedem von uns vorhanden. Bei den Druiden sprach man von der Erweckung des *Zweiten Gesichtes*, in neueren magischen Traditionen spricht man von Hellsichtigkeit. Egal wie wir diese Disziplin bezeichnen wollen, im Allgemeinen versteht man darunter die Fähigkeit, Dinge und Zusammenhänge, welche sich erst in der Zukunft ereignen oder bereits in der Vergangenheit ereignet haben, sowie Vorgänge der feinstofflichen Welt, die für unsere körperlichen Sinne im normalen Zustand nicht fassbar sind, sowie diese Welt überhaupt, als Bilder in uns aufzunehmen, sei es nun durch Innenschau oder durch ein gesteigertes Wahrnehmungsvermögen, respektive durch eine erhöhte Empfindlichkeit des körperlichen Auges. Das Hellsehen ist weder an den Raum noch an die Zeit gebunden.

Wird dieses Schauen durch den inneren, sechsten oder psychischen Sinn vermittelt, haben wir es mit der Innenschau zu tun, welche unserer Intuition entspringt. Wir sehen in diesem Zustand sozusagen mit unserer Vorstellungskraft, was jedoch nicht weniger intensiv, deutlich und plastisch sein muss, als tatsächlich durchlebte Situationen. Dieses geistige Schauen tritt meist in den ersten Entwicklungsstufen ein und macht dann später einem wirklichen Schauen Platz, kann sich aber auch derart ausbilden, dass es das wirkliche Schauen vollständig zu ersetzen vermag.

Das geistige Hellsehen benötigt die Augen nur für die Übungen, sonst ist es aber nicht auf sie angewiesen, denn der durch den psychischen Sinn Hellsehende vermag bei geschlossenen Augen zu sehen, was hinter seinem Rücken vorgeht.

Das Hellsehen mit den körperlichen Augen ist meist ein späteres Entwicklungsstadium des vorangegangenen Innenschauens, kann aber auch sofort als unabhängige Folge der Übungen auftreten. Die Augen werden durch die systematischen Übungen weitaus empfind-

licher gemacht, so dass sie den Schwingungen der feinstofflichen Welt zugänglich werden. Die Augen werden dadurch sensitiv, was den Augen jedoch auch bei anfänglichen Irritationen bestimmt nicht abträglich ist.
Als weitere Steigerung tritt die Fernsichtigkeit ein. Hier verschwinden Zeit und Raum, und Ereignisse längst vergangener Jahrhunderte treten ebenso klar und deutlich vor dem Sensitiven auf, wie er die Gegenwart sieht. Aber auch die Zukunft lüftet ihm ihren Schleier, und er sieht Handlungen und Begebenheiten, die sich bis in die kleinsten Details in ferner Zeit so zutragen, wie sie gezeigt werden. Aber auch der Raum bietet dem Fernsehenden kein Hindernis. Die Entfernungen auf der Erde kommen für ihn gar nicht in Betracht, ebenso wenig die grobstofflichen Hindernisse. Der Fernsehende kann sich in einem tiefen Keller befinden und trotzdem plötzlich einen bestimmten Vorgang, der sich auf einem anderen Kontinent zuträgt, deutlich schauen.

Hell- und Fernsichtigkeit tritt oft spontan auf, ohne vorangegangene Übung. Wohl die meisten Menschen sind in ihrem Leben wenigstens ein einziges Mal plötzlich hellsehend gewesen. In der Mehrzahl aber werden sie sich eine falsche oder unzureichende Erklärung für dieses Phänomen gegeben haben, wie z. B. eine erregte Phantasie, Sehstörungen, Halluzinationen usw. Sie werden sich auch wahrscheinlich nicht erinnern können, dass sie selbst den Anlass für den Eintritt dieses Phänomens dadurch gegeben haben, dass sie z. B. längere Zeit hindurch unbewusst einen glänzenden Gegenstand oder eine Wasserfläche angestarrt haben.[1]
Die Erfahrung, dass durch das längere Ansehen einer glänzenden Fläche, eines geschliffenen Steines oder eines spiegelnden Gegenstandes Hell- und Fernsichtigkeit eintreten kann, ist uralt. Es sei hier auf die wahrsagenden Quellen der Alten hingewiesen, welche nachts bei Vollmond aufgesucht wurden. Moses und Salomon sollen so genannte Vergessenheitsringe besessen haben, die Hellsehen hervorru-

---

[1] Ergänzend zu diesem Buch der Reihe von Raskasar empfehlen wir Ihnen: Telepathie, Die Macht des Geistes nach einer Vorlage von Karl Spiesberger von Frater Raskasar, ISBN 978-3-89094-733-4

fen konnten, wenn man längere Zeit in ihre Steine hineinsah. Sie wurden wohl deshalb Vergessenheitsringe genannt, weil sich in diesem Zustand ein Vergessen der tagwachen Persönlichkeit einstellte. Katharina von Medici wusste sich durch einen Spiegel hellsehend zu machen. Als sie einst wissen wollte, wer die künftigen Beherrscher Frankreichs sein würden, erschienen ihre Söhne im Spiegel, jeder so oft, als sie Jahre regierten; dann sah sie blitzschnell den Herzog Heinrich von Guise im Spiegel erscheinen und danach folgte mehr als zwanzigmal Heinrich von Navarra. Der berühmte und berüchtigte Cagliostro soll es vorzüglich verstanden haben, Hell- und Fernsichtigkeit durch eine gefüllte Wasserflasche hervorzurufen.

VORAUSSETZUNG

Bevor wir jedoch damit beginnen unsere angeborene Fähigkeit zur Hellsichtigkeit aus der Latenz zu erheben, müssen wir als Voraussetzung dafür die Odkonzentration in unserem Körper durch entsprechende Atem- und Meditationstechniken erhöhen.

Atemübung

Dazu versenken wir uns bei senkrechter Wirbelsäule in unser Asana und atmen 5 Sekunden durch unsere Nase tief in unseren Bauch und stellen uns dabei vor, das Prana des Äthers wie kleine leuchtende Partikel mit der Luft einzuatmen, welche von der Lunge über unseren Kreislauf in das Sonnengeflecht (Solarplexus) gelangt wo es gesammelt und verdichtet wird. Nun halten wir die Luft weitere 5 Sekunden an und drücken dabei unser Kinn auf die Brust wodurch die Kehle etwas zusammengezogen wird und stellen uns vor wie das Prana den Körper nach unten durchströmt und dadurch alle Teile des Körpers durchdringt. Dann heben wir wieder den Kopf unter Geradestellen der Wirbelsäule an und atmen die eingeatmete Luft wieder vollständig durch den geöffneten Mund aus, wobei wir den After zusammenziehen und uns vorstellen, wie das Prana dabei die Wirbelsäule empor zu unserer Zirbeldrüse ins Gehirn fließt. Nach dem Ausatmen wird die Luft weitere 5 Sekunden angehalten, wobei wir mit geschlossenen Augenlidern auf den Punkt zwischen unseren Augenbrauen sehen und unsere gesamte Konzentration darauf lenken. Als dann beginnen wir wieder im gleichen Rhythmus von vorne mit dem Einatmen und der damit verbundenen Konzentration. Während der gesamten Meditation werden die Arme auf die Oberschenkel abgestützt und die Hände so gehalten, als ob wir mit beiden Händen eine Kugel halten, wobei sich die Fingerkuppen ganz leicht und ohne jeden Druck berühren, so dass der Kontakt gerade noch aufrechterhalten wird ohne auseinander zu driften.

Diese Übung sollte mindestens drei Wochen jeden Abend, mindestens 15 Minuten, sowie vor jeder der Übungen zur

Präkognition durchgeführt und in deinem magischen Tagebuch festgehalten werden.

Handstellung / Mudra

Das Fingerkuppenmudra kann auch isoliert von der Meditation in bequemer Sitzposition durchgeführt werden, wobei der Schwierigkeitsgrad von Übung zu Übung gesteigert werden sollte indem man die Hände von der Auflage auf den Oberschenkeln über Brusthöhe bis auf Augenhöhe bei angewinkelten Ellenbogen hält. Auch die Dauer der Übung sollte von anfänglichen 10 Minuten bis auf 20 Minuten gesteigert werden. Als Variation können zur Abwechslung auch nur einzelne Finger in die Mudra einbezogen werden, wobei die anderen Finger dabei abgespreizt werden sollten.
Führe diese Übung direkt nach der Atemübung durch und halte auch hier das Ergebnis in deinem magischen Tagebuch fest.

Auch die Techniken, welche in dem Ausbildungsmanuskript zum Biomagnetismus vorgestellt werden[2], sind geeignet um die Od-Konzentration im Körper zu erhöhen oder verbrauchtes Od wieder nachzufüllen und sollten deshalb während der Konditionierung zur Präkognition stets Berücksichtigung finden.

Konditionierungsmethoden

Wir wollen nun verschiedene Methoden anführen, durch welche die Fähigkeit des Hellsehens zutage tritt. Alle diese Methoden führen mit der dazu notwendigen Ausdauer und Geduld zum Ziel. Innerhalb unserer Ausbildung werden wir uns jedoch insbesondere mit der Kristallkugel auseinandersetzen.

1. Kristalle

Man nehme einen acht bis zehn Zentimeter langen und zwei bis drei Zentimeter dicken, gut geschliffenen Bergkristall (oder ein Kristallglas in derselben Form), lege ihn auf eine schwarze Samtunterlage

---

2 Siehe Ausgabe „Biomagnetismus“, Bohmeier Verlag, www.magick-pur.de

und starre 20 bis 30 Minuten auf die Fläche des Kristalls. Diese und alle anderen derartigen Übungen sollten nur zur Abendzeit ausgeführt werden. Das stark gedämpfte Licht sollte hinter dem Rücken des Übenden sein. Auch durch das Anstarren geschliffener Edelsteine in einem Ring lässt sich Hellsehen nach einiger Zeit erreichen. Besondere Resultate werden mit eigens dafür hergestellten Kugeln aus Bergkristall oder Glas erzielt, weswegen wir dieser Methode später noch besondere Aufmerksamkeit widmen werden.

2. Glänzende, reflektierende Gegenstände

Eine Metall- oder Glaskugel, eine glänzende Metallfläche und insbesondere Spiegel erwecken ebenfalls die Fähigkeit des Hellsehens, wenn man in der oben beschriebenen Weise darauf sieht.

3. Schwarze Spiegel

Einen solchen Spiegel sollte sich jeder selbst anfertigen. Man verschaffe sich dazu in einer Handlung für fotografische Apparate ein völlig fehlerfreies Chromobilderglas, das ist eine hohlgeschliffene Glasplatte, etwa 9 zu 12 oder 13 zu 18 Zentimeter groß. Die konvexe und gut mit Spiritus gereinigte Fläche wird nun mit schwarzem Spirituslack dick bestrichen. Hierbei muss man darauf achten, dass der Anstrich möglichst gleichmäßig ist. Dieser Anstrich muss, wenn er trocken geworden ist, nochmals wiederholt werden. Es dürfen sich keine leeren Stellen, seien sie auch noch so klein, zeigen. Dann wird der Spiegel auf der konkaven Seite gut geputzt und in ein Holzkästchen gelegt, die konvexe bestrichene Seite sollte nach unten zeigen.

Der Spiegel kann auf doppelte Art verwendet werden. Entweder man benützt ihn bei schwacher Beleuchtung, wie in Punkt eins beschrieben, oder aber das Zimmer wird so verdunkelt, dass man den Spiegel, obwohl man in ihn hineinsieht, nicht sehen kann. Man sitzt dabei so bequem wie möglich und hält die offene Schachtel so, dass die Daumen das Glas berühren.

4. Tinte

In eine flache Glasschüssel schütte man schwarze Tinte und sehe in der in Nummer eins beschriebenen Weise hinein.

5. Wasser

Man nehme ein von außen mit schwarzem Lack dicht bestrichenes und mit Wasser gefülltes Glas. Auf die Wasserfläche wird in der oben erklärten Weise hineingesehen. Oder aber man benutzt eine fein geschliffene Wasserflasche, um die mehrere brennende Kerzen gestellt werden. Man fixiert an der Flasche einen besonders glänzenden Punkt.

6. Papier

Man legt einen Bogen ganz reines und vollständig glattes weißes oder schwarzes Papier vor sich hin und starrt es längere Zeit an. Auch hier muss das Licht gedämpft sein und sich hinter dem Rücken des Experimentierenden befinden.

7. Polierte Flächen

Man setze sich in einen ziemlich abgedunkelten Raum (Licht hinten) etwa drei Meter entfernt vor einen Schrank und sehe auf die polierte Fläche der Schranktür, jedoch so, dass man sie nicht direkt ansieht, sondern mehr die dazwischen liegende Luft. Man hüte sich aber, die umliegenden Gegenstände ins Auge zu fassen. Es darf nichts vorhanden sein für den Sinn des Experimentierenden als diese Schranktür und diese darf auch nur mit verschleiertem Blick angesehen werden. Es ist darauf zu achten, dass man bei dieser Übung bequem sitzt.

8. Vollständige Dunkelheit

Man setze sich sehr bequem in ein vollständig verdunkeltes Zimmer und sehe in das Schwarze, ohne jedoch die Umrisse irgendeines Gegenstandes schärfer ins Auge zu fassen...

Ein Spezialfall des Hellsehens ist die sensitive Diagnose und das Durchschauen des menschlichen Körpers. Diese Fähigkeit kann dadurch errungen werden, dass man sich während des Hineinsehens in den Kristall, Spiegel oder anderer reflektierender Gegenstände statt der sonst geforderten Passivität in diesem Fall fortwährend auf das erstrebte Ziel konzentriert.
Wie schon erwähnt, führt jede Methode zum Ziel, die eine langsamer, die andere schneller, vorausgesetzt, dass die Übungen regelmäßig und mit der nötigen Intensität betrieben werden. Wer jedoch einmal hellsehend ist, kann zur Erzeugung der Visionen jedes Mittel in Anwendung bringen; ja selbst durch die bloße Willenskraft und dadurch, dass er in die Luft starrt, ohne einen Gegenstand direkt ins Auge zu fassen, wird sich das Hellsehen bei ihm einstellen.

Für sämtliche Übungen gelten jedoch folgende Vorschriften: Alle zum Hellsehen verwendeten Gegenstände müssen vor der Verwendung dreimal angehaucht werden. Das hat den Zweck, sie mit der eigenen odischen Influenz zu überziehen. Weiter soll man seine beiden Hände (mit den Fingerspitzen nach unten, die Handrücken ca. zwei Zentimeter voneinander entfernt) über den zum Hellsehen zu verwendenden Gegenstand in einem Abstand von zwei bis drei Zentimeter halten. Dabei soll man sich lebhaft vorstellen, dass aus den Fingerspitzen starke leuchtende Odströme herausströmen, die sich mit dem entsprechenden Gegenstand durchdringen. Indem man nun die Gedankenkonzentration durchführt, dass sich das Hellsehen baldmöglichst einstellen soll, fährt man langsam nach beiden Seiten (von der Mitte aus) über diesen Gegenstand hinweg und überzieht ihn sozusagen mit seinem Od. In weitem Bogen kehrt man wieder zur Mitte zurück und wiederholt diese Prozedur fünf- bis siebenmal. Danach wird der Gegenstand sorgfältig in ein schwarzes Tuch gehüllt und darf niemals den Blicken oder dem Hauch, aber am allerwenigsten der Berührung eines anderen Menschen ausgesetzt werden. Selbstverständlich macht das sehen in der Schranktür hiervon eine Ausnahme.

Von größter Wichtigkeit ist jedoch, dass man sich beim Anhauchen und Magnetisieren in einer absolut ruhigen und friedlichen Gemütsstimmung befindet. Auch bei den Übungen soll man stets völlig harmonisch sein, da sich sonst sehr leicht hässliche Visionen einstellen könnten, ganz abgesehen davon, dass man bei Übungen während einer Disharmonie vollständig feindlichen Einflüssen ausgesetzt ist, die nicht immer so leicht abzuwehren sind. Man übe am besten täglich oder jeden zweiten Tag, bis sich ein dauerhafter Erfolg einstellt, was schon in einigen Wochen eintreten kann, mitunter aber auch Monate lang auf sich warten lässt. Dann darf aber mit den Übungen erst recht nicht aufgehört werden und diese müssen dann wöchentlich mindestens einmal geübt werden.
Bei diesen Übungen darf höchstens eine Person anwesend sein und nur eine solche, mit welcher man in inniger Harmonie steht. Diese Person darf auch keine Störung verursachen und sich nicht in der unmittelbaren Nähe des Übenden aufhalten. Am besten ist es, wenn der Übende ganz allein sein kann oder wenn seine Umgebung schläft. Das Licht muss, wie schon erwähnt, stets sehr gedämpft sein. Von großem Nutzen sind bei diesen Übungen die fotografischen Dunkelkammerlampen mit den rubinroten Gläsern, doch muss auch hier das Licht soweit als möglich heruntergedreht werden. Wer sich dunkelviolette Deckgläser oder eine entsprechende Lampe beschaffen kann, fördert die Sache noch mehr, denn das violette Licht ist für die Hervorrufung der Hellsichtigkeit sehr günstig. Wer über solche Lampen nicht verfügt, muss sich dadurch helfen, dass er eine Lampe mit rotem oder violettem Seidenpapier oder einem Stoffschirm in einer dieser Farben umhüllt. Die Beleuchtung ist jedoch mit Vorsicht zu verwenden, der Übende ist nämlich durch seine Vertiefung von der Außenwelt vollständig abgesondert und kann daher auf die brennende Lampe keine Kontrolle ausüben.
Auch bei diesen Übungen gilt der Grundsatz, dass niemand davon etwas wissen soll, solange bis sich ein vollständiger und andauernder Erfolg eingestellt hat.

Der Entwicklungsgang ist etwa folgender: Der Übende wird an den ersten Abenden im Spiegel oder im Kristall selbstverständlich nur

sein - infolge des Dämmerlichtes nur ganz undeutliches - Spiegelbild sehen. Nach und nach aber verschwindet dasselbe und wird einer dunklen, unsicheren Fläche Platz machen. Aus dieser werden sich dann langsam Figuren entwickeln, erst verschwommen und undeutlich, dann klarer und schärfer. Die Bilder werden anfangs weißlich oder gelb, dann später in kräftigeren Schattierungen, blassen Fotografien ähnlich, auftreten, um bei vollkommeneren Visionen Farbe und Leben zu bekommen. Bleiben die Bilder andauernd unbeweglich, so sind sie nicht real, also nur Einbildungen oder gewünschte Vorstellungen oder Sehstörungen. Erst die Beweglichkeit der Bilder, das Handeln der darin enthaltenen Figuren sagt uns, dass wir es bereits mit der wirklichen feinstofflichen Welt zu tun haben.
Die Entwicklung der hellseherischen Fähigkeiten bringt nicht den geringsten Nachteil in gesundheitlicher Beziehung. Das Auge wird im Gegenteil dadurch gestärkt. Männer benötigen hier etwas mehr Geduld, denn Frauen eignen sich verhältnismäßig besser zum Hellsehen. Dennoch wird es jedem Mann, der es mit seiner Entwicklung ernst nimmt, gelingen, spätestens in einigen Monaten hellsehend zu werden. Dies wird umso schneller eintreten, wenn der Schüler vor jeder Übung die oben erwähnte Atemtechnik anwendet. Es sei nochmals darauf hingewiesen, dass diejenigen, welche diese Fähigkeit erreicht haben, trotzdem wöchentlich ein- bis zweimal in den Spiegel oder in die Kristallkugel sehen müssen, obwohl sie dann sehr oft und zu verschiedenen Zeiten des Tages, oft auch in der Nacht, ganz unvermittelt durch Innenschau und später mit hellsehenden Augen Vorgänge aus der Vergangenheit, Gegenwart und Zukunft erblicken werden. Die feinstoffliche Welt wird sich ihnen mit ihren Geheimnissen öffnen und Raum und Zeit werden ihrer Erkenntnis keine Hindernisse mehr bieten.

Was wir über das Hellsehen sagten, gilt aber auch für das Hellhören. Der grobstoffliche Zustand der Materie, der Zustand, den wir mit unseren Sinnen wahrnehmen können, setzt genauso Tonwellen in Bewegung wie der feinstoffliche oder der astrale, deren Schwingungsrate wir nicht erfassen können, da deren Töne außerhalb der uns bekannten Schwingungsskala liegen. Sie bilden eine unendliche

Verlängerung nach beiden Seiten der für uns wahrnehmbaren Frequenzen. Hellhören heißt nun, sich in die Lage zu versetzen, diese fremden Tonwellen wahrzunehmen.
Durch geeignete Übungen können wir es dahin bringen, alles, was in der feinstofflichen, astralen Welt vorgeht, zu hören. Wir können wahrnehmen, was die feinstofflichen Intelligenzen zu uns sprechen. Aber auch auf unserer materiellen Ebene werden wir durch die Hellhörigkeit großen Nutzen erzielen; denn so wie der Hellsichtige durch Mauern und Berge hindurchsieht, als ob sie gar nicht vorhanden wären, so gibt es auch für den Hellhörenden kein Hindernis. Diese Fähigkeit erlaubt uns, in ihrer äußersten Vervollkommnung, z. B. in Europa Töne zu vernehmen, die zur gleichen Zeit in Amerika erzeugt werden. Das Hellhören kann ebenfalls auf zweierlei Art hervorgebracht werden, und zwar ohne Mithilfe des Gehörs, also ein rein geistiges Hören und das eigentliche Hellhören durch das Gehör. Die letztere Fähigkeit bildet sich in den meisten Fällen aus dem geistigen Hören (wie das Hellsehen mit dem körperlichen Auge) aus der Innenschau langsam heraus.

Eine Hauptbedingung zur Erreichung dieser Fähigkeit ist, dass der Adept den negativen Zustand vollständig zu beherrschen imstande ist. Das Hellhören hat den negativen Zustand zur Basis. Wir müssen uns vollständig passiv machen, um die geheimnisvollen Schwingungen wahrnehmen zu können. Das geistige Hören lässt sich sehr schwer beschreiben. Es ist absurd zu sagen, es gleiche sehr stark einem lauten Denken, und doch ist das die einzige Ausdrucksmöglichkeit für diesen Vorgang. Das Hellhören mit dem Gehörorgan lässt uns die Töne in einer etwas gedämpften Weise vernehmen. Es ist, als ob ein leichter Schleier vor dem Trommelfell läge oder als ob wir einen Wattepfropf in den Ohren hätten. Es ist durchaus nicht das Gefühl der Schwerhörigkeit, denn selbst die feinsten und zartesten Äußerungen werden ganz deutlich vernommen, aber es klingt stets, wie wenn zwischen Ohr und den ankommenden Tonwellen ein leichtes Hindernis wäre. Oft vernehmen hellhörende Personen die astralen Äußerungen wie aus weiter Ferne kommend. Manche haben den Eindruck, als wenn ihnen diese Äußerungen durch das Telefon übermittelt würden. Hellhören entwickelt sich am besten im Dunkeln und in der Einsamkeit. Also ist die Abendzeit zur Vornahme der folgenden Übungen sehr zu empfehlen. Oder man wählt eine frühe Morgenstunde, wo noch alles schläft und vollste Ruhe herrscht. Die Fähigkeit des Hellhörens ist bei den Naturvölkern oft zu finden, der Kulturmensch aber hat sie verloren. Die Buddhisten Tibets machen sich durch eine Muschel hellhörig, und die ungarischen Zigeuner suchen noch jetzt auf diese Art von ihrem Rivascha (Luftgeist) Mitteilungen zu erhalten. Auch den mittelalterlichen Nekromanten war diese Kunst bekannt und wurde von ihnen geübt.

Die Hellhörigkeit ist am leichtesten zu erzielen durch den Zustand der Passivität. Wir suchen abends oder zeitig morgens die Einsamkeit auf und verschließen anfangs die Augen mit einer Binde, verstopfen die Ohren und überlassen uns, in einer bequemen Lage liegend oder sitzend, dem negativen Zustand. Vorher unterstützen wir diese Übung durch die im Abschnitt Voraussetzung erörterte Atemtechnik, welche mit der Konzentration verbunden sein muss, dass wir hellhörend werden und dass wir die Fähigkeit erlangen wollen, alle astralen Tonwellen wahrzunehmen. Ohne den negativen Zustand zu stören, spannen wir unseren Gehörsinn an und lauschen auf das Sausen und Brausen, das sich einstellen wird. Aus diesem Gebrause von dumpfen Tönen werden sich im Verlauf der Übungen nach und nach einzelne Laute herausbilden, und ab und zu können wir Wörter vernehmen. Das ist nun schon der Anfang zur Hellhörigkeit. Es ist unsere Aufgabe, die ersten Kundgebungen gut wahrzunehmen, uns aber trotzdem nicht aus dem negativen Zustand herausreißen zu lassen. Nach und nach werden sich Mitteilungen ergeben, doch erst in einem fortgeschritteneren Stadium ist es angeraten, den negativen Zustand zum Zweck einer Fragestellung zu unterbrechen. Will man dann die Antwort hören, muss man sich sofort wieder in den negativen Zustand versetzen.

Es sei noch erwähnt, dass in vielen Fällen das Hören von Worten erst durch andere Töne eingeleitet wird. So kommt es vor, dass nach einigem Üben schon fernes Glockengeläut, Vogelgezwitscher, Donner, Musik u. a. gehört wird, woraus sich dann langsam Stimmen entwickeln. Nach einiger Zeit entferne man die Binde, und man kann auch die Ohren immer weniger verstopfen, bis schließlich die Hellhörigkeit bei unverschlossenen Sinnen als Folge der Passivität eintritt.

Der vorerwähnte Entwicklungsgang betrifft auch das geistige Hören, das bei verschlossenem Hörsinn nicht vom wirklichen Hören zu unterscheiden ist. Erst wenn die Fähigkeit weiterentwickelt ist und wir die Ohren unverschlossen haben, zeigt es sich, auf welche Art uns die astralen Tonschwingungen übermittelt werden. Das geistige Hören kann dauernd anhalten und sich immer vollkommener entwickeln, meist aber geht es nach einiger Zeit in das wirkliche Hören über.
Ein sehr gutes Mittel, die Hellhörigkeit hervorzurufen, ist es, wenn man unter Einhaltung der beschriebenen Bedingungen eine Muschel an das Ohr setzt (das andere Ohr ist verstopft) und den negativen Zustand herbeiführt. Dies beschleunigt den Entwicklungsgang. Man muss jedoch Acht geben, sich nicht durch das Brausen, das aus der Muschel herausdringt, aus der Passivität reißen zu lassen. Die Meermuschel sollte ziemlich groß und möglichst dünnwandig sein. Auch sind Muscheln mit vielen Windungen vorzuziehen. Die Übungen müssen, ebenso wie beim Hellsehen, jeden zweiten Tag durchgeführt werden, bis dauerhafter Erfolg eintritt. Dann wird wöchentlich zweimal, mindestens aber einmal geübt. Sonst würde sich die errungene Fähigkeit bald wieder zurückbilden.

Der Adept steht sowohl beim Hellhören als auch beim Hellsehen vor einer Gefahr. Er ist durch den Zustand der Passivität ein offenes Tor für allen astralen Lug und Trug. Ist er sehr leichtgläubig und mangelt es ihm an Urteilskraft, so kann er sich durch Hellsehen und Hellhören leicht Schaden zufügen. Hier muss stets das Gefühl ausgeschaltet bleiben, und nur der kalte, gerecht abwägende Verstand darf entscheiden, inwieweit den Mitteilungen aus der anderen Welt Glauben zu schenken sind. Nur der bewahrt sich vor bitteren Enttäuschungen und vor Unglück aller Art, der alle Mitteilungen, die ihm in der ersten Zeit seiner Übungen zuteilwerden, mit der kritischen Sonde der Vernunft untersucht. Diese Übungen aber müssen gemacht werden trotz ihrer Gefahr, denn der Adept soll auf diesem Weg mit seinem

Geistführer bekannt werden, respektive mit ihm in enge Verbindung treten.
Das Bewusstsein, von einer astralen, erhabenen Intelligenz geführt zu werden, hat der Adept ja schon von dem Augenblick an, da er als Novize den festen Vorsatz gefasst hat, den Weg der Magie zu gehen. Sobald er sich mit seinem glühenden Wunsch in den negativen Zustand versenkte, hatte er sich bereits dem Einfluss eines geistigen Meisters, der durch diesen intensiven Wunsch und sein Vorwärtsstreben angezogen wurde, ausgesetzt. Die Fähigkeit des Hellsehens und Hellhörens erlaubt uns nun, diesen Meister zu sehen und mit ihm zu verkehren! Und dies ist für unseren weiteren Entwicklungsgang sehr nützlich.
Dass wir aber auch den Lügen und Böswilligkeiten herumirrender Geister durch diese Fähigkeiten ausgesetzt sind, hat ebenfalls seinen Vorteil. Wir werden dadurch gezwungen, die Spreu vom Weizen unterscheiden zu lernen. Und so ganz ohne Hilfe sind wir ja auch nicht. Wenn uns die Beeinflussungen solcher niedrigstehenden Intelligenzen unerträglich werden oder wenn wir fürchten, dass wir ihren Einflüsterungen nicht gewachsen sind, brauchen wir uns nur durch kräftige Gegenkonzentration vor ihnen zu verschließen. Wir konzentrieren dann unsere Gedanken mit größter Kraft durch längere Zeit auf einen entgegengesetzten Vorgang. Wir denken beispielsweise an unseren Geistführer, an unser hohes Ziel, dem wir zustreben, und bald werden wir uns befreit fühlen von allen lästigen Aufdringlichkeiten.

Wir können zusammenfassend sagen, dass Hellsehen und Hellhören wohl eine Gefahr für den nach Meisterschaft strebenden Adepten birgt, dass aber nur der Schwache und Törichte Schaden durch diese Fähigkeiten erleiden kann.

Wer jedoch in seinem Körper ein zu geringes Quantum an Od besitzt, der wird es auch bei den Fähigkeiten des Hellsehens und des Hellhörens zu keiner großen Entwicklung bringen. Der Adept muss deshalb darauf bedacht sein, durch vernünftige Lebensweise seine Oderzeugung qualitativ und quantitativ zu fördern. Nicht nur die Geduld, zu der wir nochmals eindringlich ermahnen, sondern auch

die beständige Ausübung der besprochenen Atem- und Meditationstechnik wird den Adepten zu einem dauernden Erfolg führen.
Der Adept ist nun in seiner ethischen Entwicklung soweit vorgeschritten, dass er es gewiss unterlassen wird, diese Fähigkeiten nur zur Befriedigung seiner Neugier zu verwenden, denn ein langsames Versiegen der dazu angeeigneten Fähigkeiten wäre die Folge. Es sind dies die wichtigsten astralen Fähigkeiten des Menschen, die uns mit der anderen Welt verbinden. Ein Adeptentum ohne Hellsehen und Hellhören, also ohne direkten Verkehr mit der astralen Ebene, ist wertlos, daher muss der Adept seine ganze Kraft aufwenden, diese Fähigkeiten zu erringen und dauernd zu erhalten.

Hilfsmittel

So bunt die astrale Welt ist, so vielgestaltig sind auch die Mittel, die dazu verhelfen, eine Brücke zu ihr zu schlagen, wobei wir drei Gruppen von Hilfsmitteln unterscheiden:

a) Konzentrationshilfen,
b) Bewusstseinserweiternde Mittel (Räucher- und narkotische Drogen),
c) unterstützende Hilfsmittel (Beleuchtung, Verdunkelung, Abschirmung, usw. …)

Als Konzentrationshilfe können alle unter dem Punkt Konditionierungsmethoden erwähnten Dinge verwendet werden. Nach unseren Erfahrungen hat sich dafür ein Kristall in Kugelform (Durchmesser 10 cm) am wirksamsten er wiesen.
Es ist jedoch empfehlenswert, dass der Adept alle Konzentrationshilfen durchprobiert, und zwar einmal bei verdunkeltem Zimmer ohne Licht, und ein zweites Mal bei Beleuchtung (siehe Abschnitt „Technik“), um die Unterschiede kennen zu lernen. Die Hilfsmittel sind jedoch vor allem am Anfang von Wichtigkeit, da sie eine Erleichterung darstellen, auf die man oft mit der Zeit verzichten lernt oder wenigstens lernen sollte, denn je unabhängiger der Adept von äußeren Hilfsmitteln wird, umso mehr kann er sich auf die „inneren“ Fä-

higkeiten konzentrieren, die allein jederzeit und unter allen Umständen die Anwendung magischer Kraft in kürzester Frist gestatten.

Jetzt wollen wir uns noch den „unterstützenden" Hilfsmitteln zuwenden, deren Einsatz sehr oft von großer Wichtigkeit ist für das Gelingen unserer Experimente. Wer in völliger Dunkelheit am besten arbeitet, sorge dafür, dass in sein Arbeitszimmer auch nicht ein Schimmer von Licht dringen kann. Türen und Fenster müssen also völlig abgedichtet bzw. „verdunkelt" sein. Wer bei (schwacher) Beleuchtung experimentiert, sorge für eine violette Umhüllung der Glühbirne, da dieses Licht erfahrungsgemäß das Zustandekommen magischer Phänomene erleichtert. Bevor wir uns jedoch den oben genannten Übungen zuwenden ist es sinnvoll zunächst einleitende Vorübungen zu praktizieren welche es uns später erleichtern bei den eigentlichen Übungen leichter voranzuschreiten.

Vorbereitung

Für die Vorübungen benötigen wir vier Tafeln aus Karton (Schuhschachteln) in der Größe 12 x 20 cm, welche jeweils mit lila, rotem und weißem Papier kaschiert wird. Auf diese vier Tafeln werden dann nachfolgende Symbole mittig aufgebracht, nachdem diese auf Tonpapier aufgezeichnet und ausgeschnitten wurden.

1. Weißer fünfstrahliger Stern (6 cm) auf lila Grund.
2. Planetarisches Sonnenzeichen (10 cm) in Rot auf weißem Grund.
3. Drei Kreise (grün, rot und blau) als Dreieck angeordnet auf weißem Grund. (Kreis 5cm)
4. Weißes Dreieck im weißen Kreis auf rotem Grund. (Dreieck 6cm, Kreis 10cm)

Die Linienstärke der Symbole sollte 1,5 cm betragen.

Nun wenden wir uns der Vorbereitung der Kristallkugel zu:
Über den Orden erhältst Du über das nachfolgende Bestellformular eine Kristallkugel und einen Messingständer. Weiter benötigst Du ein schwarzes Seidentuch mit einer Kantenlänge von jeweils 30 cm, an welchem die Ränder umgenäht wurden.
Zur Entodung und Imprägnierung legen wir die Kugel zuerst in einer klaren Nacht bei Vollmond für eine halbe Stunde in Wasser, das möglichst von einer Quelle, einem See oder einem Bach außerhalb der Siedlungsgebiete stammt. Das Mondlicht sollte dabei das Gewässer erhellen und auf die Kugel treffen. Anschließend wird die Kugel aus dem Wasser genommen und so positioniert, dass diese drei Stunden vom Mondlicht durchdrungen wird, wobei sie trocknet. Während dieser Zeit soll kein anderes Licht auf die Kugel treffen. Anschließend wird die Kugel in das Seidentuch geschlagen wo es sicher vor den Blicken anderer für unsere Arbeit bereit liegt.
Um die Ladung der Kugel aufrecht zu erhalten empfiehlt es sich, diese immer wieder einmal bei Vollmond für einige Stunden im Freien dem Licht auszusetzen welches die Kugel durchflutet. Die Kugel ist sodann wieder in das Tuch zu wickeln und eventueller Tau damit weg zu polieren.

Bevor wir an die nachfolgend beschriebenen Übungen gehen, sorgen wir für ein behaglich ruhiges Zimmer, in dem wir sicher vor Störungen arbeiten können. Unsere seelische Verfassung sei die, völliger Ausgeglichenheit und Harmonie. Gerade für die Anfangsübungszeit ist es wichtig, dass in den letzten Tagen keine heftigen Stürme des Zornes oder der Leidenschaften uns durchbebten. Dagegen sind Spaziergänge im Wald, über Wiesen, eine gute Angleichung.

Hellseh-Übungen werden bevorzugt abends oder nach Sonnenuntergang, am besten während Vollmond, betrieben, je nach Neigung und Fortschritt im völligen Dunkel oder bei violettem Licht, wobei die ersten Übungen an einem Tisch aufrecht sitzend vorgenommen werden, Kopf, Nacken und Rückgrat bilden dabei eine gerade Linie.
Das Licht fällt (welches sich hinter unserem Rücken und idealerweise über unserem Kopf befindet und eine Flamme als Lichtquelle hat. Sehr gut eignet sich hierfür die magica Laterna mit dem entsprechenden Filter oder der PelenTan) so auf den Tisch, dass es den Konzentrationsgegenstand, hier die Kristallkugel, beleuchtet. Es darf jedoch keine Reflektion entstehen, welche vom Auge als störend empfunden wird oder gar schmerzhaft-scharf wie ein Dolch blitzt.
Es ist gut, wenn die letzte Mahlzeit bei Antritt der Übungen bereits 2-3 Stunden hinter uns liegt. Vor Beginn der Übungen darf nur noch etwas Obst gegessen oder besser nur Obstsaft getrunken werden, mehr nicht, weil sonst die vor den Übungen notwendigen Atemübungen beeinträchtigt werden.

Nach der vorbereitenden Atemübung nehmen wir die Imprägnierung des Konzentrations-Gegenstandes vor, damit dieser eine Brücke zum Geistigen bildet. Zu diesem Zweck nehmen wir eine „Odung“ der Konzentrationshilfe, nach folgendem Ritus vor:

1. Nach der Atemübung (Aufladung mit Od) halten wir beide Hände im Abstand von 10 cm über eine Schüssel mit frischem Wasser. Nach unserer Vorstellung strömt das Od in die Schüssel und wieder in die Hände zurück. Wir imaginieren dabei deutlich, wie der feinodische Strom hin- und herfließt. Abschließend nehmen wir das abgegebene Od wieder völlig in uns auf.

2. Nun überströmen wir das Od mit unseren Handinnenflächen auf die Kristallkugel. Dazu halten wir unsere Hände mit einem Abstand von 3-5 cm über die Kristallkugel, so dass unsere Hände die Kugel ganz umschließen, ohne dass sich dabei die Finger berühren (analog zum Fingerkuppenmudra). Rein psychologisch äußert sich die Od-Konzentration in den Händen durch verstärkte Wärmeabgabe, durch Abkühlen bis hin zu feuchten Handinnenflächen.

3. Bei dieser odischen Imprägnierung sprechen wir unter starker Konzentration und lebendiger Imagination:

„Das Od, als Mittler zwischen Diesseits und Jenseits, strömt nun auf dich über und macht dich zum harmonisch gestimmten Helfer in meinem Bemühen, eine Brücke zwischen hier und dort zu schlagen, Einblick in übersinnliche Welten zu erhalten.
Nun bist du bereit und geeignet, meine Übungen stark zu fördern und sie sehr schnell zum Erfolg zu führen. Alle Eigenschaften in dir und in mir richten sich aus auf das eine Ziel, die Fähigkeit des Hellsehens in mir zu wecken, zu entwickeln, rasch zu steigern und so zu gestalten, dass ich diese Fähigkeit jederzeit und überall nach meinem Wunsch und zum Heil aller Wesen einsetzen kann. Bei der Allmacht des Tetragrammaton. So sei es."

4. Nach dreimaligem Sprechen vorstehender Worte, unter intensiver Vorstellung des überströmenden Od's und der sich zum Krafteinsatz ausrichtenden Strahlungen in uns und in den Hilfsmitteln ist die Präparation beendet.

Räucherungen

Nach dem „Gesetz der Entsprechung" gilt, dank einer merkwürdigen magischen Wechselwirkung zwischen ähnlichen Faktoren, dass das „Blut" von Früchten (frischer Saft) gleichbedeutend und gleich wirksam dem Blut der Tiere ist. Der aufwärtsstrebende Magier lehnt deshalb die Verwendung des Bluts von Mitgeschöpfen ab. Zudem sind die odischen Emanationen von frisch gepflückten Früchten oft stärker als die von konserviertem Tierblut. Kein magisches Werk bringt Segen, das den Opfertod eines Tieres fordert. Ein Opfer ist nur dann segensreich, wenn es nicht brutaler Gewalt anheimfällt. Mit Gewalt und Blut arbeitet der schwarzmagische Praktiker. Für Hellseh-Übungen wird allgemein nicht das Blut von Opfertieren gefordert. Es ist aber gerade für die ersten Übungen empfehlenswert, die eigenen odischen Ausstrahlungen zu verstärken durch die odischen Emanationen von besonders geeigneten Pflanzen, die wir deshalb zu unterstützenden Räucherungen heranziehen:

Wir nehmen zu diesem Zweck:
1 Teil Salbeiblüten,
2 Teile Holundermark,
1 Teil Pappelblätter,
2 Teile Lorbeerblätter,
3 Teile Myrrhe (Harz)
einige Tropfen Hanföl (Canabis sativa)

Vorgenannte Pflanzenteile und Tinkturen sind in fast jeder Drogerie zu erhalten und sind günstig zu erstehen.

Die odischen Kräfte der Bestandteile werden durch Verräucherung gelöst, welche so die Kräfte des Experimentierenden verstärken und nach dem Gesetz der Resonanz latent liegende (verborgene) kosmische Strahlungen anziehen, um diese für die Herbeiführung hellseherischer Phänomene nutzbar zu machen.

Narkotika

Ein kurzes Wort wollen wir hier den Narkotika widmen. Zunächst einmal: mit ihnen zu arbeiten, ist stets mit erhöhter Gefahr verbunden, das heißt, die bei magischen Experimenten vorhandenen Gefahrenmomente werden durch unbekannte Gefahrenpunkte vervielfacht.

Es ist richtig, dass einige Narkotika die Eigenschaft haben hellseherische Fähigkeiten vorübergehend auszulösen. Der ernsthaft Strebende sollte jedoch den längeren aber zuverlässigen und bleibenden Weg der eigenen Entwicklung gehen. Wer jedoch das Risiko eingehen will, mit derlei Hilfsmitteln zu arbeiten, halte sich dabei an folgende Grundsätze:

Solltest du eine Ausführung erwägen, nimm die ersten Übungen mit Narkotika nur in Gegenwart eines Assistenten vor, welcher in der Arzneimittelkunde und Erste-Hilfe-Maßnahmen bewandert ist.

Als Anfangsdosis ist die geringstmögliche zu nehmen, gegebenenfalls eine Verdünnung.

Bei der ersten unangenehmen oder bestürzenden Wirkung ist das Experiment sofort abzubrechen und ein vorher bereitgestelltes Gegenmittel (wie z. B. ein starker Kaffee) zu sich zu nehmen. Gegebenenfalls ist auch die Einnahme von Kohle mit anschließendem Erbrechen durch das Trinken von Salzwasser ratsam.

Die Fenster des Arbeitsraums bei Räucherungen von Narkotika sind nach dem Experiment unbedingt zu öffnen. Man sollte auf jeden Fall alle Dünste abziehen lassen und auf keinen Fall in ihnen schlafen.

Vergessen wir niemals, dass die Wirkung „magischer Gifte" eine doppelte ist: die Wirkung des Giftes selbst und eine undefinierbare, bei jedem Menschen anders auftretende „magische" Einwirkung, die zu verblüffenden oder gar schrecklichen Folgen führen kann. Deshalb ist es am besten, von allen Giften die Finger zu lassen; denn sie können unter Umständen den Erfolg einer ganzen Übungsreihe wieder zunichtemachen.

Praxis

Vorübungen

Wir nehmen die im Abschnitt Hilfsmittel erläuterten, inzwischen von uns hergestellten „Augentafeln“ mit Stern, Sonne, Kreisen und Dreieck zur Hand.
Das Zimmer ist durch den entsprechenden Weihrauch und die hinter uns befindliche Lichtquelle (violettes Licht) entsprechend vorbereitet.

1. Woche

Wir beginnen die Übung mit Tafel 1 (weißer Stern auf lila Grund), halten sie, gerade sitzend, mit aufgestützten Händen vor uns hin, so, dass wir fünf Minuten ohne Verkrampfung bequem sitzen können. Wir achten von Anfang an darauf, dass wir nicht die Lider bewegen und die Augäpfel völlig ruhig halten. Das ist nur bei den ersten Übungen schwer, gelingt dann aber bald ohne Anstrengung auch für lange Zeiten. In der Folge verwenden wir bei der Durchführung dieser Übung jeden Tag eine andere Tafel.
Dauer: fünf Minuten; Wiederholung: täglich bei wechselnden Symbolen.

2. Woche

Wir beginnen die Übung wie in der ersten Woche, im Anschluss an die Betrachtung der Tafeln schließen wir nun jedoch die Augen und halten sie auch jetzt unbewegt, wobei wir für einige Sekunden versuchen bei verschlossenen Augen eine verkleinerte Wiedergabe der Vorlage farbig zu sehen.
Dauer: sieben Minuten; Wiederholung: täglich bei wechselnden Symbolen.

3. Woche

Wir haben uns so gesetzt, dass die Lichtquelle mit dem violetten Licht über unseren Rücken auf das Bild fällt und sich vor uns eine

möglichst gleichförmig dunkle Wand befindet, denn auf diese wollen wir nun das Abbild des Sterns und seiner Umgebung projizieren. Sollte keine dunkle Wand vorhanden sein, so behelfen wir uns damit, dass wir ein ausreichend großes schwarzes Tuch (zwei Meter mal drei Meter) als Projektionsfläche im Raum aufspannen. Wir beginnen mit der Übung wie in der ersten Woche. Je konzentrierter wir das Vorbild betrachtet haben, desto länger können wir das Abbild, wieder bei unbewegten Augen und Lidern, auf die Wand vor uns übertragen. Dabei wird der in der Vorlage weiße Stern nun in lila Nachbildung erscheinen, während die Umgebung sich heller abhebt (Komplementär-Farben, die jedoch durch die Färbung der Wand, auf die der Reflex fällt, beeinflusst werden). Wir versuchen, das Abbild ebenfalls fünf Minuten festzuhalten.
Dauer: 10 Minuten; Wiederholung: täglich mit abwechselnden Symbolen.
Am wichtigsten sind Vorlage und Reflex von Tafel 4: Weißes Dreieck in weißem Kreis auf rotem Grund. In der Wiedergabe erscheinen Kreis und Dreieck rot, die Umgebung grün.

4. Woche

Wie Übung der dritten Woche jedoch mit verlängerter Betrachtung und Wiedergabe auf je zehn Minuten.
Dauer: 20 Minuten; Wiederholung: täglich mit abwechselnden Symbolen.

Wir wollen darauf aufmerksam machen, dass vorstehende Übungen die Fähigkeit des farbigen Sehens (in der Imagination) wesentlich steigern. Über die Farbensicherung hinaus sind die vorstehenden Übungen eine wunderbare Stärkung für die Augen und eine gute Vorbereitung auf die Erlangung der hellseherischen Befähigung sowie ein Mittel zur Steigerung von Konzentration und Imagination.

Die drei Etappen beim Hellsehen

Je nach der individuell verschiedenen Veranlagung des Einzelnen, unterscheiden wir drei Stadien, die dem Hellsehen selbst voranzugehen pflegen:

1. Nach einiger Zeit der Übung, manchmal auch plötzlich, fast ohne Übergang, erfolgt ein „Hineingleiten" in eine seltsam beleuchtete magische Welt. Es ist ein seltsam-rätselhaft durchleuchtender Untergrund, auf dem, sobald er uns umgibt, sehr bald die „Bilder" entstehen. Ohne Zweifel erscheint dieser „magische Untergrund" nur dann, wenn eine bestimmte psychische Veränderung eingetreten ist, auf die wir noch zu sprechen kommen.

2. Das zweite Stadium entspricht systematischer Kleinarbeit und wird nach und nach entwickelt. Bei der konzentrierten Fixierung der Konzentrationsfläche, wir nehmen stets eine Kristallkugel an, geraten wir ebenfalls im Verlaufe einiger Übungsabende in eine Art autohypnotischen Zustand, in dem nun sonderbare Veränderungen mit der Kristallkugel vor uns vor sich gehen: Verfärbungen, Verschwinden, Flackern von Flammen und Funken (vergleichbar den „Protuberanzen", die aus der Sonnenperipherie schlagen). Daran schließen sich Stadien, wie sie in den weiteren Übungen geschildert werden, an.

3. Es kommt auch nicht so selten vor, dass der Übende fast keine oder nur geringfügige Veränderungen in sich, um sich, im Konzentrationsobjekt bemerkt und nach einigen Wochen beginnt den Mut zu verlieren. Er sage trotzdem immer wieder vor sich hin: Täglich steigern sich in mir Konzentrations- und Odkraft, so dass die Fähigkeit des Hellsehens sich täglich mehr und mehr entwickelt und zum Durchbruch kommen wird. Dann plötzlich sind wir in einer „anderen Welt", etwa wie sie unter 1. beschrieben wurde, oder erhalten einen Ausschnitt von oder in ihr. Dies braucht jedoch durchaus nicht während einer Übung zu geschehen, sondern vielleicht vor dem Einschlafen, nach dem Erwachen, bei einem Blick in das Dunkel, nach einem Schock, bei einem Blick auf eine glänzende Fläche, in der Entspannung oder in einem Augenblick der Selbstvergessenheit usw. …

Wenn die Übungen fortgesetzt werden, häufen sich diese „Lichtblicke“ und stellen sich, auch bei den Übungen selbst, ein. Der magische Untergrund zieht uns dann in seinen Bann, wir vergessen uns selbst und die „gewünschten“ Bilder erscheinen.

Grundübungen

Nach der einleitenden Atemübung setzen wir uns unter den bekannten Versuchsbedingungen vor die Kristallkugel, welche auf einem Ständer, in ihrem schwarzen Tuch gebettet, vor uns steht. Die Kugel ist zuvor von uns samt Tuch, getreu der gegebenen Anleitung, odisch präpariert worden. Wir nehmen zunächst einen Punkt wie eine hellere Spiegelung o. ä. auf oder in der Kugel in Augenschein und konzentrieren uns darauf. Wir dehnen im Verlaufe mehrerer Übungsabende die Betrachtung des Punktes auf der Kugel-Oberfläche von 5 Minuten ausgehend bis zu 10, dann 15 Minuten aus. Auf keinen Fall bewegen wir Augen oder Lider; beginnen die Augen zu tränen, brechen wir die Übung ab, nehmen sie entweder nach einigen Minuten erneut, oder, wenn die Übungszeit fast abgelaufen ist, am nächsten Abend wieder auf. Auf keinen Fall soll die Anfangsübungszeit von 15 Minuten überschritten werden.

Am dritten oder vierten Übungsabend konzentrieren wir unseren Blick vor die Glasfläche der Kugel, sehen also nicht mehr direkt in das Glas, sondern auf die Fläche direkt vor ihr. Wir achten jedoch streng darauf, dass wir nicht in Verkrampfung fallen; der Blick soll fest, aber ungezwungen, gelassen sein, die Haltung gelockert, bereit zur „Entspannung“. Die Hände ruhen auf den Oberschenkeln, wir atmen ruhig und gleichmäßig.

An und nach den ersten Übungsabenden werden wir außer Brennen auch leichte Augenschmerzen haben, genau so, als wenn wir unter „Muskelkater“ leiden, wenn wir ungewohnt viel gelaufen sind. (Anmerkung für Leser, die Augengläser tragen: Der Übende muss ausprobieren, ob ihm mit oder ohne Gläser die Übungen besser gelingen, vor allem, wie es ihm am leichtesten möglich ist, sich ganz auf das Konzentrationsobjekt zu konzentrieren.)

Die erwähnten leichten Augenbeschwerden schalten wir am besten gleich im Anschluss der Übung durch folgende Augenübung aus: Wir atmen tief ein und halten den Atem an. Während wir den Atem zurückhalten, rollen wir beide Augen nach unten, von da nach rechts, nach oben und nach links. Bei jedem Atemzug (Zurückhaltung des Atems) rollen wir das Augenpaar dreimal umher, um dann auszuatmen. Nach einer normalen Zwischenatmung beginnen wir von Neuem. Höchstens fünf Wiederholungen.

Werden die Übungen in der vorgeschriebenen Weise durchgeführt, wird uns gar nicht mehr bewusst, dass wir „starren". Wir spüren die Anspannung nicht mehr, im Gegenteil, unser Körper (der kerzengerade gehalten wird, aber angelehnt werden kann), bemächtigt sich im Verlaufe der Kugelfixierung einer bestimmten Müdigkeit, die von Abend zu Abend „schwerer" wird.

Im Verlaufe weiterer Übungsabende geht, trotz ununterbrochener Fixierung des Kristalls, die Körperschwere in Wärme über. Es bemächtigt sich unser bald das so genannte „Körper-Nichtgefühl", eine völlige Entspannung, ein halb-tranceartiger Zustand.

Inzwischen sind auch mit der unablässig betrachteten Kugel einige „Veränderungen" vorgegangen. Die Augen haben sich mehr und mehr an die ihnen aufgezwungene Tätigkeit des reglosen Starrens gewöhnt. Je länger wir aber, ohne blinzeln oder die Lider zu bewegen, auf den Raum vor die Kugel starren, desto sonderbarer sind die Veränderungen, die mit dem Kristall vorgehen:

Sind wir bis zu diesem Punkt vorgedrungen, d. h. bemerken wir die angedeuteten Veränderungen des Kristalls, auf die wir noch zurückkommen, und hat sich Schwere und Wärme unseres Körpers bemächtigt, sind die Grundübungen beendet und wir gehen zur nächsten Phase über.

Konditionierung

Dem Gesetz der Entsprechung folgend, entspricht der Punkt vor dem Kristall, den wir bei unseren Übungen „anstarren“, den Kräften, die im Verlaufe der Übungen geweckt, entwickelt, verstärkt und eingesetzt werden. Diese Kräfte werden nun durch unsere Konzentration auf diesen Punkt gesammelt und gemäß unseren Gedanken an einen x-beliebigen Ort und seine Geschehnisse geleitet. Folgende Übungen konditionieren genau diesen Vorgang welcher den entscheidenden Faktor darstellt um zielgerichtete Informationen zu erhalten.

- Wir erweitern die Übungsdauer nach drei bis vier Wochen auf 20 Minuten Gesamtdauer, d. h. jedoch, dass wir auch dann, wenn wir mehrmals abbrechen mussten, zunächst diese Zeit nicht überschreiten. Bei Beschwerden, die trotz der angegebenen Augenübung auftreten und nicht nachlassen, breche man die Übungen ab und suche einen Augenarzt auf. Erst wenn dieser versichert, dass die Augen gesund sind, nehme man die Übungen wieder auf. Schwere und Müdigkeit des Körpers (die in den Augen überwunden werden müssen) müssen immer stärker spürbar werden, eine bleierne Schwere, wohlige Wärme und Behaglichkeit durchfluten uns und wollen uns zwingen, die Augen zu schließen. Dieser Versuchung zu widerstehen ist schwer, aber nicht unmöglich. Tausende blieben in diesem Kampf Sieger.

- Wir halten nach wie vor, wenn auch mit leicht geschlossenen Augen, den Punkt vor dem Kristall fest und kümmern uns nicht darum, was es etwa auf oder im Glas zu sehen gibt. Es ist wichtig, darauf zu achten, dass die Augen von dem gedachten Punkt nicht abgleiten. Die Konzentration auf diesen Punkt wird uns später gestatten, jeden Ort, jede Zeit, jedes Geschehnis, jedes Problem an seine Stelle zu setzen, um an diesen Punkt jede Antwort auf gestellte Fragen zu sehen.

- Wir müssen uns vor dem Fehler hüten, eigene Vorstellungen in das Glas oder davor zu projizieren, das wären Halluzinationen und entsprächen nicht der Wirklichkeit. Wir dürfen in dieser Phase der

Übung auf nichts achten als auf die Körperschwere und Wärme sowie auf Unbeweglichkeit von Auge und Lid.

- Es kommt bei dem einen Übenden früher, bei einem anderen später vor, dass plötzlich der ganze Raum trotz seiner gedämpften Beleuchtung einschließlich Kristall scheinbar ins „Bodenlose“ absinkt. Das soll uns jedoch nicht stören und darf uns erst Recht keine Angst machen, denn dies ist ein Zeichen dafür, dass wir in unserer Entwicklung gut vorangeschritten sind. Vielmehr sollen wir uns hier widerstandslos mitziehen lassen und uns einfach ergeben und fallen lassen. Wenn wir uns sträuben, kann uns dies neben Übelkeit oder Furcht in unserer Entwicklung zurückwerfen.
- Wir haben keine Suggestion gesetzt, etwas zu „sehen“; bisher erwarten wir nichts als eine präzise Erfüllung der gestellten Aufgaben, deren Bewältigung allein Garantie ist für erfolgreiche Arbeit.
- Wir setzen die Übungen bis zu dem angegebenen Stadium, ungeachtet aller etwa sonst noch auftretenden Sensationen, insgesamt vier Wochen fort. Diese Zeit ist als Minimum notwendig, um die mit den Augen korrespondierenden Hirnpartien und Nervenzentren in Entwicklung zu versetzen, in eine Entwicklung, die bei fortgesetzter regelmäßiger Übung automatisch einsetzt und nicht mehr aufgehalten werden kann.

Weiterführende Übungen

Erscheinungen

Erscheinungen, die wir etwa im Kristall, an seiner Peripherie oder in seiner Umgebung sahen, haben wir bisher ignoriert; Entwicklungen, die sich in uns anbahnen, sehen wir auch nicht, obwohl sie in jedem Menschen mehr oder weniger stark wirksam werden.
Wir wollen diesen wichtigen Punkt hier deshalb betonen, weil wir erlebt haben, dass Übende ungeduldig wurden, da sie scheinbar trotz aller Mühen und Anstrengungen keine Erfolge oder Fortschritte erzielten. Das aber ist ganz erklärlich. Der ganze vielfältige Organismus des Menschen muss sich erst auf die Übungen „umstellen" und dabei gewaltige Veränderungen auch in seinen höheren Körpern (Od-, Mental-, Astralkörper) herbeiführen, die wohl erfolgen, aber zunächst nach außen, im körperlich-irdischen Sinne noch nicht bemerkbar werden.
Dieser Prozess, ein mehr oder minder langes Übergangsstadium, ist vergleichbar dem Winter, während dem unter Schnee und Eis das Korn wächst und die Frühjahrsblüte sich vorbereitet.

Es ist notwendig, jetzt daran zu erinnern, was mit dem Übenden und um ihn herum geschieht:
Eine „Ausschaltung" des irdischen Körpers durch Müdigkeit und Schwere, die dem passiv-magischen Zustand von Trance (Autohypnose) voranzugehen pflegen, und eine „Entwicklung" der Augen, die allmählich sensibel werden für feinodische Kräfte, gleich woher sie kommen.
Wir wenden nun unsere Aufmerksamkeit dem zu, was hinter dem bisher betrachteten Punkt mit dem Kristall oder in ihm geschieht. Folgende Übungen erleichtern diesen Vorgang, weswegen diese gemäß den Anweisungen der Reihe nach absolviert werden sollten:

- Wir wenden unsere Aufmerksamkeit von nun ab 14 Tage lang auf die Kristallkugel selbst zu, wobei wir unseren Körper bei gerader Haltung soweit wie möglich vergessen. Womit nicht gesagt sein soll, dass wir den bisher fixierten Punkt aufgeben. Er wird nach wie vor weiter beobachtet. Da sich dieser Punkt aber vor dem Glas, etwa in seiner Mitte, befindet, können wir auch ohne Bewegung von Auge und Lid den Kristallhintergrund miterfassen. Das zu üben, ist nun unsere Aufgabe, wobei der Schwerpunkt der Fixation auf den bisherigen Punkt gerichtet bleibt. Die Augen und Lider bleiben in jedem Fall unbeweglich. In dieser Erziehung des Auges liegt der entscheidende Schritt zu seiner Sensitivierung. Diese aber ist die Voraussetzung für Aufnahme und Widergabe der aus dem Innern kommenden astralen Bilder, die oft von außen durch kosmische Kräfte verstärkt werden, sobald die Grenze zwischen „hier" und „dort" durch unseren Zustand verwischt respektive aufgehoben wird.

- Wir werden in diesen Übungstagen, falls dies nicht schon vorher geschehen ist, den Kristall einmal in Dunkelheit versinken, einmal in allen Regenbogenfarben, vor allem an seinem Rand erglühen sehen. Seine Oberfläche nimmt, wenn wir übend weitergehen, mitunter eine sonderbare Färbung an, die Spiegelungen, die bisher von den Möbeln oder den Wänden auf das Glas geworfen wurden, sind wie fortgewischt, das Glas erscheint plötzlich dunkel, geheimnisvoll, oder leuchtend, in einer Färbung, die uns aus den Vorübungen bekannt erscheint.

- Die „grau-weißlichen Flammen" (anders kann man sie kaum nennen), über die wir vorher als eine Art „Sonnen-Protuberanzen" sprachen, scheinen sich in das Innere des Glases zurückzuziehen um an anderen Stellen des Glases wiederaufzutauchen oder sie wandern hin und her. Unser Körper ist dabei wie ausgelöscht. Wir sind allein auf der Welt, allein im Kosmos mit dem Punkt, den wir fixieren, und dem Kristall hinter ihm.

- Die vorstehend erläuterten „Erscheinungen" verstärken sich im Verlaufe weiterer Übungen, die wir, nunmehr unbedenklich auf eine halbe Stunde ausdehnen können. Der Übungsplan sollte eingehalten werden, auch wenn die Reihenfolge der aufgeführten Phänomene anders ist, als hier dargestellt wird. Der Übungsplan steht fest, und wir sorgen uns nicht darum, wenn bei uns eine Abweichung von der Norm erfolgt.

Halte jede Übung in deinem magischen Tagebuch fest und achte darauf, dass bei den Einträgen folgende Punkte Berücksichtigung finden:

1. Gesundheit: Wer an leichten Unpässlichkeiten festhält, wird den Zusammenhang zwischen ihnen und dem fehlenden Fortschritt feststellen können.
2. Wetter: Bei vielen sind unterschiedliche Resultate bei Gewittern, bewölktem Himmel oder Regen usw. feststellbar.
3. Emotionen: Eine Kontrolle über heftige Gemütsbewegungen, wie Neid, Hass, Zorn, Leidenschaft, die leider nicht immer ganz vermieden werden können, zeigt die Beeinträchtigung der Übungen durch sie.
4. Stand des Mondes.
5. Beginn der Übungen: Wir sollten stets die gleiche Stunde und Minute wählen.
6. Dauer der Übung.
7. Resultate.
8. Bemerkungen: zur Verwertung für nächstfolgende Übungen.
9. Übungsgruppe.

Es wird auffallen, dass in vorstehender Tabelle der Stand des Mondes gesondert aufgeführt wird. Wir werden sehr bald bemerken, warum das geschieht. Bei regelmäßiger Übung wird gegenüber mondarmen Abenden (also bei Neumond, Viertelmond usw.) die Übungszeit während des Vollmondes, sowie kurz davor und danach, bei den meisten Studierenden besonders ertragreich sein. Der Mond fördert gerade Hellsehübungen ungemein und wirkt auf die Zentren, die für die Herbeiführung somnambul hypnotischer Zustände und verwandter Einstellungen maßgeblich sind.

Farben und Schleier

Der Übergang zu dieser Übungsgruppe ist die entscheidende Phase der ganzen Versuche.
Es kommt hier mehr als vorher darauf an, jeden nicht zur Übung gehörenden Gedanken völlig auszuschalten, d. h. also, nur auf die Realisierung der Suggestion (des Erwarteten) sich zu konzentrieren, noch besser aber auf völlige Leere, da dieses Vakuum der Erwartung entsprechende Kräfte anzieht. Machen sich Störungen im Gedanken- oder Gefühlsleben bemerkbar, unterbrechen wir die Übungen und bemühen uns zunächst, einen Zustand völligen „Unbelastet seins" zu gewinnen. Vor allem hüten wir uns vor Depression, Furcht, Unruhe, Nervosität, Aufregung, Anstrengung, Verkrampfung.
Für die unter uns, deren Gedanken trotz allem immer wieder abschweifen, also nicht auf das Übungsziel gerichtet sind, gilt es, nachstehende Punkte strenger zu beachten:

1. „Materielle Infiltrationen" vor den Übungen zu meiden, welche unser Gemüt beeinflussen, wie Kaffee, Alkohol, Medikamente, Drogen sowie Lustbarkeiten wie das Fernsehen, sowie auch seelische oder körperliche Erschöpfungszustände.
2. Stärkere Abkehr vom Materiellen zu pflegen (Genussmittel einzuschränken).
3. Etwaige gesundheitliche Störungen zu beseitigen.
4. Stärkere Od-Anreicherung vorzunehmen.
5. Stählung des Willens.
6. Konzentrationsübungen zu betreiben.

Auch vorübergehende gesundheitliche Störungen wie Kopfschmerzen, rheumatische Anfälle oder auch Erkältungen, machen grundsätzlich ein Gelingen der Übung unmöglich. Man sollte an solchen Tagen also nur das „Pflichtpensum" erledigen, um nicht zurückzufallen. Wichtig sind vor allem die Anreicherung mit Od und die Durchführung der Konzentrationsübungen.

Es kann sein, dass sich bei manchen schon bald erste Zeichen einstellen; gerade jedoch diese ersten, leicht errungenen Erfolge aber sind eine Gefahr, welche zum Glauben verleiten, die Entwicklung ginge so spielend weiter. Das ist aber höchst selten der Fall. Es gehört harte Arbeit, große Zähigkeit (die auch den absoluten Willen stählt, welcher im Grunde der „Leiter der Experimente“ ist) und unermüdliche Ausdauer dazu, auf dem eingeschlagenen Wege voranzuschreiten und dieser Weg ist nicht gleichmäßig. Er führt tage-, wochenlang durch Bereiche, welche wir nie zu überwinden glauben, ja, in denen wir alles bisher Erreichte zu verlieren scheinen. Dann wieder gibt es Wegstellen, an welchen eine Überraschung die andere jagt, ein Symptom nach dem anderen sich zeigt.

Nur wer mit unerschütterlicher Beharrlichkeit und nach den aufgestellten Richtlinien übt, wird schließlich ans Ziel gelangen. Die innere Geduld, Gelassenheit und Zuversicht sind wichtige, ja entscheidende Faktoren zum Erfolg.

Es kommt darauf an, einen hin und wieder auftauchenden „toten Punkt“ zu überwinden, nicht mit zäher Verbissenheit, sondern mit ruhiger, heiterer Langmut, die ihres Zieles gewiss ist. Es liegt im Wesen der Übungssystematik, dass neue Phänomene stets erst zum Schluss einer Übung erstmalig auftreten und sich dann immer weiter nach vorn schieben, neuen Eindrücken Platz machen, die wiederum erst zum Schluss auftauchen.

So bringt oft eine Verlängerung der Übungsdauer um etwa 5 - 10 Minuten ein Ergebnis, das sonst erst bei der nächsten oder übernächsten Übung eingetreten wäre.

Diese Tatsache sollte jedoch nicht dazu verführen, die Übungen willkürlich auszudehnen, den Bogen zu überspannen, da so Rückfälle vorprogrammiert wären, die in keinem Verhältnis zu etwa vorzeitig errungenen Erfolgen stehen. In der Magie ist jede unreife Frucht giftig.

- Das unter Vorbereitung benannte Räuchermittel wird nun angewendet, wobei nur so viel verräuchert wird, wie wir zwischen drei Fingern halten können. Wir nehmen nicht mehr, legen eventuell noch einmal nach.

- Wir nehmen eine stärkere suggestive Untermauerung vor. Wir flüstern sie vor uns hin oder sprechen sie einige Minuten lang in

unseren Gedanken, und zwar erst dann, wenn eine weitgehende Abgezogenheit des Körpers vom Irdischen erreicht ist:
„Mit jeder Übung komme ich schneller, leichter und tiefer in einen Zustand völliger Lösung vom Irdischen. Mein ganzer Organismus ist nur auf die heutige Aufgabe konzentriert. Meine hellseherischen Fähigkeiten entwickeln sich mit jedem Tag stärker, so dass ich sie an jedem Ort, zu jeder Stunde, unter allen Umständen einsetzen kann.“

- Oder wir wiederholen mantrisch in gleichmäßiger, ununterbrochener Monotonie die Worte:
  „Ich erhalte nun die gewünschte Offenbarung; ich erhalte nun die gewünschte Offenbarung“

Anmerkung:
Diese Suggestionen führen wir 5 Minuten lang durch, und sinken dabei in eine immer tiefere Lösung vom Irdischen, was auch durch die Räucherung gefördert wird.
Die Augen, die Lider sind und bleiben dabei unbeweglich. Die Haltung ist völlige Entspanntheit; Kopf, Nacken, Rücken bilden eine gerade Linie (jedoch ohne Anstrengung); wir sind nur noch Auge oder vielmehr der „Punkt“ vor dem Kristall, auf den wir konzentriert sind.

- Unter den vorstehend geschilderten Umständen verdichten sich allmählich die in der vorhergehenden Übungsgruppe erreichten Flammen und Funken zu größeren, grau-weißen Schemen, die hin- und her huschen, dort auftauchen, vorübereilen, dort versinken.

- Im weiteren Verlaufe der Übungen tauchen auch Gebilde auf, die andere Färbungen aufweisen: rötlich, grau, gelb, weiß; diese Gebilde eilen wie Schleier, wie Nebelfetzen vorüber, wollen sich da oder dort gestalten, werden aber meist immer wieder, wie von einer unsichtbaren Zugluft bewegt, auseinandergerissen und verflüchtigen sich, nur um neuen Platz zu machen.

- Diese „Schleier und Farben“ müssen während mindestens 10 - 14 Tagen sicher auszumachen sein und werden durch weitere Übungen verstärkt. Die Suggestionen, im rechten Bewusstseinszustand gesprochen, wirken sich inzwischen aus; die technischen Bedingungen der Übungen dürfen uns nicht mehr stören. Die Herbeiführung des halbschlafartigen Zustandes muss nun ganz kurz nach Beginn des Versuchs möglich sein; die Konzentration ist vollendet, Augen und Lider unterstehen dem hart gewordenen Willen. Die Augen starren unverwandt, still und ausdauernd den imaginativen Punkt an; wo diese Bedingungen noch nicht vollkommen erreicht werden, solltest Du die Übungen ab der Stelle Punkt für Punkt wiederholen und vervollständigen, an welcher Du das angestrebte Ziel noch erreicht hast, bevor Du weiter schreitest.

Anmerkung:
Bei den ersten Übungen dieser Reihe treten die erwähnten optisch-astralen Zeichen im Allgemeinen erst zum Schluss der Experimente auf; allmählich aber verlagern sie sich zur Mitte, dann an den Anfang der Übung, um danach neuen Phänomenen Platz zu machen.
Das Erreichen dieser Phase ist ein Sieg über die Materie, ein Beweis für den langsam aber sicher einsetzenden Einfluss auf magische Sphären, für ausreichend vorhandenes, projizierbares Od, für geschulten kosmischen Willen, und für magische Disposition.
Diese Übungsreihe ist die Drehscheibe der Gesamtübungsplanung: auf sie muss, durch größte Intensität, wochenlanges Üben, stärkste Ignorierung irdisch-materiell-egoistischer Bestrebungen und Neigungen, der größte Wert gelegt werden.

Konstitutionelle Veränderungen

Hellsehen ist auch das Erblicken eines erhellten Ausschnittes im umgebenden „Dunkel“. Die Abstufungen führen bis zum „Sein“ im astralen Reich; in diesem Falle wird uns das Wesen aller Dinge entschleiert und wir sind mitten unter ihnen. Es gibt kein verdecktes hinter uns, kein Entferntes, nur Zeitlosigkeit und ewigen Wechsel. Das Aufflackern eines Blitzes in dunkler Gewitternacht gibt eine

bildhafte Vorstellung von dem Untergrund, auf dem sich unsere „Gesichte“ abspielen.
Dieses blitzartige Aufhellen, fast stets völlig unvermutet, nach dem Erwachen, vor dem Einschlafen, bei einem Blick auf einen glänzenden Gegenstand oder in einen dunklen Winkel, ja, beim Starren in nächtliches Dunkel, überfällt uns nach einiger Zeit auch außerhalb der Übungsreihen, als Beweis dafür, dass allgemein Veränderungen in unserem Organismus vor sich gehen: im Sinne unserer Zielsetzung.

Diese Entwicklung verläuft zunächst unbemerkt, parallel mit den Übungen und bricht, je nach Grundkonstitution des Übenden und Übungsintensität, in unterschiedlichen Zeitspannen nach außen. Dieser „Durchbruch“ unterliegt individuellen Bedingungen. Bei dem einen treten die Veränderungen der magisch-seelischen Bedingungen sofort im Ganzen in Erscheinung, bei einem anderen setzen sie langsam und allmählich ein, Symptom nach Symptom, bis sie ausreifen und zur Vollendung gebracht werden. Im Allgemeinen ist dann die Fähigkeit zum Wesensbestandteil geworden und das Übungsziel erreicht, das nur durch dauernde praktische Arbeit gesteigert und verankert werden kann. Aber auch wenn sich diese Fähigkeiten schon vorher einstellen, dürfen die Übungen nicht ausgesetzt werden, denn eine Unterbrechung der Übungsfolge würde zum Verschwinden der erworbenen Kraft führen.
Die hellseherischen Augenübungen führen zur Verbesserung der allgemeinen Sehfähigkeit: die Augen werden schärfer blicken, ruhiger und durchdringender, wodurch der Adept das typisch faszinierende Charisma erhält.

Allmählich wirken die allabendlichen Entspannungen, die ja nun eine halbe Stunde andauern, allgemein beruhigend und entgiftend, harmonisierend. Darüber hinaus können wir die so oft geübte Entspannung nun jederzeit willkürlich erzeugen bis zu Tiefen, die wir nur selbst begrenzen. Damit wird uns ein wichtiger Faktor für den Lebenskampf in die Hand gegeben. Womit uns bei Erregungen, vor wichtigen Besprechungen, bei Überarbeitung, Überanstrengungen, bei Unruhe oder Furchtanwandlungen eine sofort herbeigeführte Ent-

spannung, Ruhe und Ausgeglichenheit, heitere Gelassenheit, Kraft und Überlegenheit über die jeweilige Situation zuteil wird. Unsere Nerven bessern sich, wir reagieren ruhiger und deshalb richtiger, zweckentsprechender.
Weiter steigern sich Empfindlichkeit, Sensibilität der Augen, denn sie schauen dann oft hinter die Dinge, erkennen intuitiv das Wesentliche, auch bei Menschen, die uns gegenübertreten.
Unsere Aufnahme- und Wiedergabefähigkeit wird sehr gesteigert. Sahen wir zum Beispiel früher ein schönes Bild mit dunklem Rahmen, um es in der nächsten Sekunde zu vergessen, so prägt sich uns heute, selbst bei flüchtigem Blick, das Bild mit Rahmen derart scharf ein, dass wir es noch nach längerer Zeit in allen Einzelheiten reproduzieren können.
Damit haben wir sehr an Beobachtungsgabe gewonnen, eine Fähigkeit, die für richtiges Reagieren und Handeln außerordentlich wichtig ist. Im Innern jedoch geht eine noch auffälligere Veränderung mit uns vor. Wenn wir jetzt denken, uns etwas geistig vorstellen, verwandelt sich das Gedachte, das Vorgestellte, Gewünschte sofort in ein Bild. Damit wird uns das bildhafte Vorstellen erheblich vereinfacht und unsere Disposition zur Imagination und damit zur magischen Arbeit, aber auch die Verwirklichung unserer Wünsche und Ziele ist hiermit bedeutend gewachsen und wirkt wie ein Bumerang wieder anregend auf unsere Exerzitien.
Wer bisher zu den Wortdenkern gehörte, sich vielleicht kaum selbst Personen seiner nächsten Umgebung deutlich mit Gesicht, Gestalt, Kleidung vorstellen konnte, wird nun auch nur einmal gesehene Personen im Gedächtnis behalten und jederzeit wieder hervorholen können.

Auch die unter uns, die nur behielten, was ihnen durch das Ohr zugeführt wurde, die also zum Beispiel nicht lesen, sondern hören mussten, werden überrascht sein, dass ihnen nun mehr das Auge die stärkeren Impulse liefert. Dinge, über die sie früher verständnislos hinweggelesen haben, prägen sich nun leicht ein. Wir lesen nun gleichzeitig zwischen den Zeilen, womit sich uns der Sinn des Textes we-

sentlich schneller offenbart. Unsere Intuition ist allgemein gewachsen.
Bei einigen unter uns wird sich die überraschende Entwicklung nicht auf das Optische beschränken. Bei ihnen wird die Ausbildung des Chakrenkörpers auch Zentren in Bewegung setzen, die auch andere Wahrnehmungsorgane fördern.
Wenn nicht zuletzt auch im täglichen Leben unsere Konzentrationsfähigkeit, unsere Ruhe und Geduld gewachsen sind, so sind diese neuen, bisher mangelhaft vorhandenen Eigenschaften allein schon ein erstaunlicher Gegenwert, für die aufgewendete Zeit und Energie.

Doch ist unsere Umgestaltung mit den angedeuteten Phänomenen durchaus noch nicht abgeschlossen, sondern erst in Gang gesetzt. Sie wird sich mit fortschreitender Übung weiter ausdehnen und auch noch andere Bereiche unseres Wesens erfassen.
In dieser Phase unseres Mühens um die Erlangung der Hellsinnigkeit wollen wir vor einem Fehler warnen, den ungewollt viele begehen: mit der steigenden Sensibilität wächst naturgemäß auch die Empfindlichkeit, aber um diese dürfen wir uns nicht kümmern, ja, wir müssen sie bewusst ausschalten. Es darf nicht sein, dass unsere Fähigkeit der schnelleren, schärferen Erfassung (wie sie bei hochintellektuellen Persönlichkeiten zu beobachten ist) auch deren Schwäche in uns zeugt: eine übergroße Empfindsamkeit, die man mit Labilität bezeichnet, die sich bis zu Angst-, ja Furchtkomplexen auswachsen kann.
Die magische Sensibilität, die wir systematisch erringen, darf nicht einhergehen mit sich steigernder Empfindsamkeit. Es ist auch nicht notwendig, dass wir diese Schwäche in uns wachsen lassen.
Wir wollen nur die Fähigkeit, nicht ihren Schatten, und wenn wir uns von Anfang an bewusst darauf einstellen, die sich meldende Empfindlichkeit zu missachten, wächst sie auch nicht, sondern verkümmert und stirbt ab. Wir müssen trotz Sensibilität Nerven „aus Stahl“ bekommen, denn diese werden wir in dieser Welt unbedingt brauchen.

Trance

Das „Hineingleiten“ in magisch erhelltes (aus unergründlicher Quelle leuchtendes) Dunkel ist eines der Kennzeichen des bewussten Trancezustandes. Das eintretende „Körper-Nichtgefühl“, ja, das völlige Vergessen der Eigenpersönlichkeit ein weiteres.

Niemals aber darf Trance, bei den vorliegenden Übungen jedenfalls nicht, einen Grad erreichen, bei welchem die Kontrolle des Ichs entgleitet, dass sich der Übende somit halt- und willenlos allen Gewalten ausliefert, die dann mit verdoppelter Kraft auf ihn einstürmen würden, um ihre Zielsetzungen, statt die des Übenden, durchzusetzen.

Solange der Übende sich sicher weiß auf dem Boden seiner Weltanschauung, solange er das Bewusstsein dieser unerschütterlichen Stellung und von sich selbst behält, kann ihm nichts passieren. Aber dieses Bewusstsein ist das Mindeste, was er unter allen Umständen erhalten muss. Die Verschiebung des Bewusstseins in Trance mag für einige anfangs beunruhigend sein, ist aber zur Erlangung hellseherischer Ergebnisse unentbehrlich.

Mit der Zeit tritt die „Umschaltung“ immer schneller und gewohnheitsmäßiger auf und erlaubt trotzdem tiefere Blicke in die Bezirke der anderen Welt, und bald stellt sich der notwendige Zustand ein, ohne dass er uns überhaupt noch bewusst wird.

- Wir sind jetzt an einer Station unserer Übungen angelangt, an der wir unbedingt den Trancezustand erreichen wollen, um befriedigende Ergebnisse zu erzielen. Unter den bekannten Versuchsbedingungen, nach den einleitenden Phasen, richten wir erst alle Aufmerksamkeit auf die Entspannung, dann auf den Konzentrationspunkt. So entgleiten wir allmählich dem Irdischen und nähern uns dem „schöpferischen“ Stadium.

- Mehr und mehr entschwindet nun das Körpergefühl. Das ganze Sein konzentriert sich auf den „Punkt“ vor dem Kristall, der Körper wird wesenlos, ist aber geschützt. Unsere odischen Ausstrahlungen manifestieren sich im Kristall und bringen uns die gewünschte Aufklärung. Unsere Hellsehkraft wächst von Tag zu

Tag und wird zu unserem unverlierbaren Besitz. Nun sehen wir, was wir begehren und erkennen, was wir sehen."

- Wir stoppen den Vorgang an dem Punkt, an welchem wir ganz „abzugleiten" fürchten und erzielen im Übungsverlauf genau den Grad der Versenkung, der für unsere Arbeit notwendig ist.

- Ist es uns nach einigen Übungen mehrmals hintereinander gelungen, ohne Anstrengung in Trance zu fallen, stellen sich nach unserem Erwarten auch bald die ersten Erscheinungen ein, zunächst nicht klar, aber doch als astral erkennbar.

- Von nun an bemühen wir uns, die Bilder schneller, deutlicher, plastischer zu erzeugen, erreichbar durch stärkere Konzentration und Intensivierung. Stellt sich nach etwa achtwöchiger Übung das gewünschte Resultat nicht ein, können wir eine Vertiefung körperlicher Abgezogenheit durch Aufnahme nachfolgenden Atmungsschemas durchsetzen. Haben wir erst einmal mit seiner Hilfe das Ziel erreicht, können wir die „forcierte Atmung" wieder fallen lassen, weil dann erfahrungsgemäß die geistigen Zentren auf den Prozess „eingespielt" sind.

Trance-Vertiefung

In dem Augenblick unserer bisher tiefsten Abgezogenheit setzen wir mit der zusätzlichen Atmungsforcierung ein. Der Erfolg tritt fast stets schlagartig ein.

- Wir atmen tief, ganz tief aus, ohne Anstrengung jedoch. Der Blick bleibt auf den „Punkt" gerichtet, das Körper-Nichtgefühl verstärkt sich, Ruhe und Zuversicht erhöhen sich.

- Wir atmen langsam ein, bis Leib- und Brustraum ausgefüllt sind. Dann drücken wir den Atem vom Leib fort in die Brust und wieder zurück in den Leib (Zwerchfellatmung). Diesen Rhythmus wenden wir dreimal an und atmen dann aus. Wir können fortschreitend die Anzahl der Rhythmen je Abend um einen bis auf höchstens zehn steigern.

- Tritt die Vertiefung und mit ihr der „magische Ungrund“ mit seinen Phänomenen ein, atmen wir normal weiter und achten nur noch auf den Kristall. Andernfalls setzen wir den Atmungsprozess fort: Wir atmen aus und wieder tief ein. Den Atem halten wir bis 10 zählend an, atmen wieder aus, beginnen von neuem bis zum Erfolg. Nach diesen Atmungsserien atmen wir tief aus und normal weiter.

- Übertreibungen sind nicht angebracht; wir können die Zeit des Atemanhaltens nur nach und nach steigern, also am zweiten Abend bis 12 anhalten, dann bis 14 usw., höchstens aber bis 20. Der ganze Vorgang (aus- und einatmen, Atem anhalten) kann drei- bis viermal wiederholt und langsam ausgedehnt werden (jede Woche ein Rhythmus mehr). Der ganze Atmungsvorgang darf anfangs 10 Minuten nicht übersteigen. Herz- und Lungenkranke sind von diesen Übungen und somit von magischer Tätigkeit grundsätzlich ausgeschlossen, solange sie nicht gesundet sind.

- Durch forcierte Atmung tritt die notwendige, steuerbare Trancetiefe ein und mit ihr bald die gewünschten Manifestationen.

- Diese Atemtechnik bringt mit Räucherung doppelt schnellen Erfolg. Vorsicht vor „Abgleiten“ ist hier besonders empfohlen. Durch vorstehendes Atmungssystem erreichen wir:
  a) Starke Odkonzentration. b) Belebung und Aktivierung des Zwerchfells (dadurch werden die somnambulen Zonen angesprochen). c) Leichte Narkotisierung des Organismus durch zurückbehaltene Kohlensäure (der Verwendung von Narkotika vorzuziehen).

Formen und Bewegungen

Abgesehen davon, dass in diesem Übungsstadium die Zeit dafür nicht reif ist, ist das Prophezeien (der Zukunft) aus folgenden Gründen eine höchst unsichere Sache:

1. Wir stecken zu tief in der Materie, um uns völlig von ihr lösen zu können. Dadurch treten Trübungen und Täuschungen auf: Belastungen, Verwirrungen, Verzerrungen.

2. Meist treten Symbole und Allegorien auf, dem „Anfänger" erst deutbar, wenn das Ereignis selbst eintritt.

3. Wie ein roter Faden durchzieht unser Leben das „karmische Geschick", eine Schicksalsformung, die über unser Leben hinausgreift und unbeeinflussbar, schon deshalb meist nicht erkennbar, wenigstens nicht auf astralem Boden.

4. Astrale Wellen und Bilder sind Gegenwartszustände, das heißt sie ändern sich mit uns, unseren Schwingungen, Neigungen, Zielen, guten und schlechten Taten.

5. Gestirnsinfluenzen sind Kräfte, die uns in einem bestimmten Zustand bewegen, zum Handeln veranlassen können, in einem veränderten Zustand jedoch entweder auf Latenz (Untätigkeit) oder auf Überwindungskraft stoßen: Wirkungen können sich nicht auswirken. (Im Horoskop freilich können wir erkennen, welche Entwicklung er nehmen wird, nicht aber aus den hellseherischen Bildern. Nur die Verbindung beider Prozesse erlaubt einigermaßen klare Aussagen.)

6. Hellsehen und Prophetie sind zweierlei. Die letztere arbeitet auf „höheren Ebenen".

Man läuft seinem Geschick nicht davon, sondern entgegen. Es lässt sich nur korrigieren, wenn der Schicksalsunterworfene sich und seine Schwingungen wandelt.

- Im Besitz der autohypnotischen (Trance-)Fähigkeit sind wir bald auch Herr über die in uns liegenden, um uns verfügbaren Kräfte.

Wir können das für die Manifestationen benötigte Od und astrale Stoffe abgeben und die kosmischen Quellen „ansprechen“.

- Nach allgemein vier Wochen gestalten sich die bisher beobachteten hin- und her huschenden Funken, Flammen, Schatten, Schemen, Schleier, unbestimmte Formen und Farben zu mehr und mehr fest umrissenen, bestimmten Formen, Figuren, Symbolen, Bildern oder Bildergruppen, oft klein und scharf, manchmal bunt, vielfach nur grau, fast stets der Erwartung entsprechend, ohne Halluzination zu sein.
- Oft rollen Bilder gleich einem Filmband, merkwürdigerweise seitlich, also nicht von oben nach unten, vor uns ab. Oft aber auch erstarren die Bewegungen zu einem Bild, das durch Räucherung verstärkt werden kann.
- Je länger in vollkommener Weise die Hellsehübungen fortgesetzt werden, um so „greifbarer“ werden die Ergebnisse.
- Wer, um besondere Ergebnisse zu erzielen, sich eine Zeit von der Welt zurückzieht (Fasten, Gebet, Vegetarismus), wird über seine Fortschritte erstaunt sein und den Zusammenhang zwischen Magie und Befreiung von der Materie klar erkennen.

Zeit und Raum

Die Aufnahme und Wiedergabe astraler Bilder erfolgt entweder derart, dass scheinbar von „außen“ in uns einstrahlend, gewisse „Urbilder“, archaische Grundtypen (darauf deuten u. a. Symbole und Allegorien) entwickelt werden und diese auf die Kristallkugel geworfen werden, oder dass die Manifestation der Erscheinungen direkt von außen erfolgt, auf oder in die Kristallkugel projiziert wird, und durch unsere medial-odischen Ausstrahlungen verstärkt werden (deshalb ist ein Trancezustand notwendig, der diese Abgabe gestattet).

Leider ist die Trennung nicht scharf vorzunehmen, da sich oft beide Prinzipien vermischen, ineinander übergehen, trennen, wechselnd auftreten, ja, auch andere Modulationen möglich sind.

In jedem Fall ist es grundsätzlich möglich, jedes Geschehnis zu projizieren, unabhängig von Raum und Zeit, d. h., dass wir als vollende-

te Hellseher ebenso gut ein vorjähriges Erlebnis rekapitulieren könnten, wie ein künftiges, den Baum vor unserem Hause so gut wie die Palmen der Südsee, die Schrecken des Dreißigjährigen Krieges und die des eben vergangenen gleichermaßen.
Wir müssen uns lediglich dem allwissenden Geist gleichschalten, der alles durchdringt und erkennt. Um Aussendung und Manifestation der feinodischen Kräfte und ihre Einschaltung in die allwissenden, kosmischen Mächte zu erproben, unterwerfen wir uns den folgenden Exerzitien:

- Wir bereiten diese Übungen durch eine schriftliche Niederlegung unserer Zielsetzung vor: „Meine Gesundheit ist heute besser denn je, mein Gemüt heiter, gelassen; seit vielen Tagen haben mich keine disharmonischen Schwingungen durchtobt. Ich habe in den letzten Tagen ausschließlich von Obst, Gemüse, Eiern, Käse, Brot, Milch und Butter gelebt und auf andere anregende Genussmittel verzichtet. Durch Atemübungen habe ich mir eine zusätzliche Od-Reserve geschaffen, durch Übungen mit einer Wasserschale habe ich Od abwechselnd ausgestrahlt und aufgesogen. Das Wetter ist seit Tagen klar und schön. Der heutige Abend zeigt den Vollmond (oder seine Nähe) an."

- Nach Proberäucherung und gewohnter Zeremonie erfolgt suggestive Zielsetzung: „Die Fortschritte der letzten Übungen verraten mir, dass ich mich vor einer entscheidenden Phase meiner Entwicklung befinde. Die im Trancezustand bereits geschauten Formen und Gestalten werden sich heute verdichten und die gewünschten Bilder zeigen." Man nehme nun eine nicht zu weit zurückliegende Begebenheit, die man gern reproduziert sehen möchte, oder einen bekannten Ort, um das gegenwärtige Geschehen zu beobachten.

- Nachdem wir die Räucherung in Gang gesetzt haben gleiten wir bereits nach den ersten Augenblicken der Konzentration auf den Punkt vor dem Kristall in den fast schlafähnlichen Zustand, den wir durch kurze Atemforcierung weiter vertiefen. Bereits nach kurzer Zeit tauchen die ersten „nebelartigen“ Gebilde auf, huschen vorüber und kristallisieren sich schließlich in der Kristallkugel.

Der Erfolg dieser Übungen, die nun regelmäßig fortgesetzt werden, hängt wesentlich ab von der strikten Beachtung der aufgezählten Bedingungen, von dem Erreichen eines genügend tiefen Trancezustandes, von der Stärke der Odkonzentration und Projektion, sowie von dem unerschütterlichen Glauben an das Gelingen des Versuchs.

Befragungen

Wir können nun dazu übergehen Dinge zu ergründen die uns bewegen. Dies können Dinge sein, die uns selbst betreffen, wie auch Din ge die andere betreffen denen wir gerne helfen möchten. Wir sollten jedoch vor allem bei den Dingen, die uns selbst betreffen darauf achten, dass wir keinen Täuschungen unterliegen, welche durch Illusionen entstehen, deren Ursache in Visualisierungen der eigenen Wünsche und Ängste ihren Grund haben. Weiter sei auch hier davor gewarnt diese Befähigung destruktiv einzusetzen, um beispielsweise andere auszuspionieren, Ein derartiger Missbrauch kann bewirken, dass die hart erarbeitete Fähigkeit wieder verschwindet.

- Vorbereitend stellen wir uns so lebendig wie möglich (immer unter den bekannten Bedingungen) eine Person unserer näheren Umgebung vor und lassen diese autosuggestiv-vorbereitende Vorstellung „schwinden“, in der Gewissheit, dass die, diese Person betreffende Frage nun gelöst werden wird.
- Wir stellen nun diese Frage indem wir uns die fragliche Situation intensiv vorstellen und dann in einen passiven „leeren“ Zustand übergehen und, wie bereits erörtert, die Reaktion darauf abwarten. So gestellte Fragen werden uns zweifellos beantwortet, wenn wir bis zu diesem Stadium alle dafür nötigen Entwicklungsphasen erfolgreich durchschritten haben, was eventuell auch durch Symbole erfolgen kann. Nehmen wir als Beispiel an, wir wollten in Bezug auf einen erkrankten Menschen wissen, wie diesem zu helfen sei, und uns wurde als Symbol etwa das astrologische Zeichen des

Mars (♂) gezeigt, könnten wir mit einiger Sicherheit schließen, dass eine Operation dem Betreffenden helfen, dass ein tüchtiger Chirurg ihn heilen könnte.

- Die Deutung der Symbole ist anfangs schwierig, bis man sich an die gesetzmäßigen Zusammenhänge gewöhnt hat. Um einen Anhalt zu haben, macht man sich durch ein gutes Traumdeutungsbuch mit der Traumsymbolik vertraut. Sind erst einige dieser Versuche zur Zufriedenheit ausgefallen, finden wir bald Gelegenheiten genug, weitere Versuche in dieser Richtung anzustellen.
- Sind einige Abende ohne befriedigende Antwort vergangen, nehmen wir eine andere Frage vor, um erst nach deren Klärung zur ersten zurückzukehren.

Forschungen

Es sind nicht nur Dinge projizierbar, die materielle Fragen betreffen, vielmehr noch und leichter ist es möglich, in geistigen Fragen Antwort zu erhalten. Die geistige Kraft ist nicht nur durch Wille und Vorstellung Schöpferin aller Materie, sondern schwingt auch in allem was ist, differenziert durch den kosmischen Willen, der „gut" und „böse" trennt.

Dem Irdischen viel zu sehr verhaftet, sind wir alle keine Engel, und je mehr Licht wir ausstrahlen, desto tiefer sind auch die Schatten, die wir werfen, aber der Entschluss, auf der „rechten Seite" zu stehen, unser Streben nach „oben", unser Glaube an das „Ziel", die Dinge machen uns größer als der Mensch an sich ist.

Wille, ewiger Kampf für das Licht gegen das Dunkel, unbesiegbare Hoffnung auch im tiefsten Dunkel, dies sind die Fackeln, die unsere an die Erde geschmiedete Seele erhellen und sie in ihren heimatlichen Schoß zurückführen.

Soviel Wirrnis ist oft um uns, in uns, soviel Unsicherheit auf dem Wege. Hier soll unsere nun erworbene Fähigkeit weiterhelfen.

Hier ist das eigentliche Arbeitsfeld für unsere dürstende Seele, die für uns gültige Wahrheit zu ergründen, denn die Wahrheit hat, wie alle Dinge, für jeden Menschen ein anderes Gesicht.

Die für uns gültige Wahrheit zu ergründen, den für uns richtigen Weg festzustellen, die uns plagenden Sorgen fortzuräumen, die uns bestürmenden Zweifel zu tilgen ... das alles und noch mehr können wir in Zwiesprache mit dem unendlichen Geiste ergründen.
Auf dem Gebiet der Forschung, besonders der okkulten Forschung, bietet sich dem aufrichtig Suchenden, entschlossen und ehrlich Strebenden ein unabsehbares Arbeitsfeld. Es ist förmlich als sammelten sich alle guten Kräfte des Himmels und der Erde, den Studierenden in seinem Streben und Forschen zu unterstützen. Wer mit diesem Anspruch an geistige Forschung und okkultes Studium geht, fragt nie vergeblich sondern wird stets, so oder so Antworten erhalten. Wer nach dem Geiste fragt, wird von ihm geführt werden, unmerklich erst, allmählich jedoch immer deutlicher, je mehr die Sinne aufgeschlossen und geschult werden mit dieser Kraft umzugehen, die ebenso in uns wie außer uns und durch uns schafft. Einer Kraft, der der Mensch in seinem tiefsten Grunde wesensgleich ist und diese deshalb auch zielgerichtet und bewusst einsetzen kann, wenn er dazu die erforderliche Konditionierung erlangt hat.

- Wir bereiten uns durch Meditation und Atemtechniken vor. Wir treffen gelassen und methodisch alle vorbereitenden Arbeiten und legen schließlich eine vielleicht zusammenhängende Reihe von Fragen fest, die wir heute und an den folgenden Abenden demütig und vertrauend vorlegen wollen.
- Wir nehmen uns vielleicht als eine der ersten Fragen vor: *„Was kann ich tun, um die Ergebnisse meiner Studien und Experimente zu verbessern?"* und warten gelassen die Antwort ab, überzeugt davon, dass die Antwort bereits in uns ruht und nur darauf wartet, ans Licht zu treten und vor unseren Augen zu erscheinen. Vielleicht wird uns als Antwort auf unsere Frage ein Kreuz gezeigt, dann wissen wir, dass wir uns mehr als bisher bemühen sollen und gemäß der Aussage des Kalvarienkreuzes: das Ziel nur durch Opfer (hier Fleiß und Ausdauer) erreichen werden. Handelt es sich dabei jedoch um ein gleichmäßiges Kreuz, also dem ausgleichenden Kreuz der Elemente, so will uns dies darauf hinweisen, dass

wir in unsere Mitte kommen müssen, um das Ziel zu erreichen und mehr Harmonie brauchen.

- Empfehlenswert ist dann die Frage: *„Welcher Zweig okkulter Forschung entspricht am besten meiner Mentalität?"* Als Antwort erhalten wir möglicherweise ein für uns besonders aufschlussreiches Bild von einer nie erlebten Deutlichkeit, und wir wissen, dass gerade die hellseherische Forschung und Deutung unser Spezialfach sein wird, um allen mit Hilfe und Rat zur Seite zu stehen, die uns gesandt werden.

- Es stört und beunruhigt uns nicht, wenn wir auf die Antwort warten müssen, auch nicht, wenn mehrere Befragungen trotz innerer Sicherheit nicht das Erwartete bringen. Wir wissen, dass uns morgen oder übermorgen, vielleicht nicht einmal während der Befragung, sondern am Tage oder in der Nacht während des Schlafs die Antwort zuteilwird und wir dann den Weg klar und deutlich sehen werden.

- Nicht verwerflich ist die ein wenig materiell gefärbte, aber, wenn sie ehrlich gemeint ist, in ihrer Grundlage durchaus vertretbare Frage: *„Wie kann ich pekuniäre Unabhängigkeit erringen, um mich ganz den Fragen des Woher und des Wohin des Menschen zuwenden zu können?"*
  Vielleicht wird uns eine Idee gegeben, die uns von der Unfreiheit der materiellen Enge erlöst, vielleicht wird uns ein Weg gewiesen, der uns durch zusätzliche Arbeit Segen und finanzielles Fundament gibt, vielleicht aber wird uns bedeutet, in Geduld zu warten, bis irgendwie und irgendwo sich überraschend die Schleusen der Fülle über uns öffnen.

- Besonders dankbar sind Fragen, die sich um Mitmenschen sorgen: *„Welcher Mensch meiner Umgebung leidet mir unbekannte Not und in welcher Form kann und darf ich ihm helfen?"* Von hundert solcher Fragen bleiben allgemein kaum zehn ohne klare Antwort. Freilich sollten wir dann auch tun, was uns geheißen wird, denn wenn wir auch nicht damit rechnen, den Segen, der auf uns zurückfällt, können wir nicht aufhalten.

Vergessen wir jedoch nicht, am Schluss unserer Exerzitien ein kurzes aber inbrünstiges Wort des Dankes an den höchsten Geist zu setzen, der alle Wunder bewirkt und uns mit Kräften in Verbindung bringt, von denen wir noch vor kurzem nichts wussten. Lob, Preis und Dank sind wahrhafte Segensquellen, besonders nötig dem, der da glaubt, dass er für nichts zu danken habe. Mehr noch jedoch als für irdische Güter und materiellen Erfolg, materielle Gaben, sollten wir für geistige Gaben danken, denn sie sind es, die wir einst „mitnehmen“ können.

Unbegrenzte Möglichkeiten

Wir haben absichtlich in den angeführten Übungen stets von einer Kristallkugel als Konzentrationsobjekt gesprochen. Wir haben eingangs geschildert, welche Hilfsmittel ebenfalls zu Hellsehversuchen geeignet sind und dabei besonders des schwarzen oder magischen Spiegels gedacht, der sich besonders gut für eine bestimmte Kategorie von Versuchen eignet. Gemeint sind Beobachtungen von Orten und Personen und Beobachtungen okkulter Zusammenhänge, besonders aber zur Anziehung und Konzentration von Strahlungen und Kräften, die in der magischen Terminologie Geister und Dämonen genannt, also personifiziert werden, welche der aktiv magisch geschulte und arbeitende Adept nach Erlangung einer durch Hilfsmittel geförderten Routine anzuziehen und zu materialisieren vermag. Da es dabei aber vor allem darauf ankommt, jenen Geisteszustand zu schaffen, welche die der gewünschten Kraft entsprechenden Emanationen löst, ist ein bestimmter Geisteszustand erforderlich, der eben mit Hilfe eines Konzentrationsmittels am besten erreichbar ist.

Wenden wir uns diesbezüglich zunächst der Arbeit mit dem magischen Spiegel zu, der im Gegensatz zum schwarzen Spiegel aus einem herkömmlichen Spiegel mit flacher Oberfläche besteht. Am besten geeignet sind Silberspiegel, welche jedoch teuer in der Anschaffung sind.
Ideal ist ein Spiegel in der Größe von etwa zwanzig mal zehn Zentimeter mit einem möglichst einfachen oder überhaupt keinem Rahmen. Denke daran, Voraussetzung für das Gelingen ist visuelle Konzentration. Vermeide also alles, was deinen Blick während der Übung ablenkt. Vor der Verwendung ist der Spiegel unter fließendem kaltem Wasser zu entoden und anschließend analog, wie bei der Kristallkugel, zu imprägnieren. Der Spiegel sollte anschließend nur noch für magische Arbeiten Verwendung finden und ansonsten in schwarze Seide eingeschlagen werden.

Erinnerung an frühere Inkarnationen mit Hilfe des magischen Spiegels

Wenn Du auf einem Stuhl sitzt, stelle den Spiegel auf einen Tisch vor Dir und sorge für Lichtverhältnisse wie sie bereits bei der Arbeit mit der Kristallkugel beschrieben wurden.
Richte den Spiegel so ein, dass Du darin bequem Dein ganzes Gesicht darin sehen kannst. Ist alles soweit vorbereitet, dann setze Dich bequem in einem Abstand von einem halben Meter vor den Spiegel, richte Deinen Blick starr auf Dein rechtes Auge und verweile dort. Du wirst feststellen, dass Deine Augen ein optimales Objekt für diese Art der Konzentration darstellen. Wenn Du jedoch blinzelst, ist die Konzentration gestört, ebenso wenn Du den Blick wandern lässt, egal wie geringfügig. Willst Du Erfolg haben, dann musst Du Dich vollkommen konzentrieren und diese Konzentration eine halbe Stunde oder länger aufrechterhalten.
Zunächst wird Dir dies nicht gelingen, aber mit der Übung wird sich der Erfolg einstellen; und nach drei oder vier Versuchen sollten sich schon Resultate feststellen lassen.
Es kann passieren, dass der ganze Raum für einen Augenblick dunkel zu werden scheint. Das ist ein Zeichen für einen Fortschritt; wenn es wieder geschieht, gehe einfach darüber hinweg und konzentriere Dich weiter. Vielleicht siehst Du von Deinem Gesicht ein goldschimmerndes Leuchten ausgehen. Dies ist ein äußerst vielversprechendes Zeichen. Lass Dich jedoch von solchen Erfahrungen nicht ablenken, denn, wenn Du Deinen Blick abschweifen lässt oder die Augen kurz schließt, ist alles verloren und Du musst noch einmal von vorne beginnen.

An einem bestimmten Punkt wirst Du vielleicht anfangen zu bemerken, dass sich ein Teil Deines Gesichtes verändert hat. Zunächst vielleicht nur ein oder zwei Gesichtszüge. Vielleicht hat Deine Nase eine andere Form oder ein Teil Deines Gesichtes wird vom Bild eines anderen Gesichtes verdeckt. Ebenso kann dieses Zweite Gesicht auch aus dem goldenen Leuchten, das sich bildet, heraustreten. Wenn Du beharrlich bist, wird im Spiegel ein vollkommen anderes Gesicht

auftauchen, welches Du ziemlich deutlich erkennen kannst. Mache Dir dann Notizen darüber, denn dies ist Deine Erscheinung aus einem früheren Leben. Es heißt, dass das erste Gesicht, das erscheint, entweder das Gesicht der bestimmendsten Deiner vergangenen Persönlichkeiten oder das Gesicht Deiner letzten Inkarnation ist.
Wenn Du die Fähigkeit erlangt hast, die Gesichter klar zu sehen, so frage das Bild, wer diese Person war, wann und wo sie gelebt hat und was deren Leben heute für Dich bedeutet. Die Antworten darauf werden Dich überraschen.

Manifestation von Strahlungen mit dem schwarzen Spiegel

Als letzten Punkt wenden wir uns nun den Methoden zu, durch welche wir uns mit dämonischen Kräften in Verbindung setzen können. Der Erfolg dieser Experimente hängt jedoch von der Fähigkeit des Übenden ab, in sich geistige Bedingungen zu schaffen, die denen der angerufenen Kraft gleichen, sowie in der gesteigerten Abgabe ausreichend starker Mengen von Od, welche dieser zuvor in sich gestaut hat.
Für die Evokation von geistigen Wesen eignet sich vorzüglich der „schwarze Spiegel“, dessen Anfertigung und Bereitung wir bereits geschildert haben. Der Vorteil der Arbeit mit dem magischen Spiegel liegt darin, dass man auf Beschwörungen und andere Hilfsmittel verzichten kann, wobei hier Gefahr droht vor allem dann, wenn man ohne Schutzkreis arbeitet, was bei solchen Arbeiten töricht wäre. Hier ist man gut beraten den Schutzkreis nicht zu verlassen und die Materialisierung stets in einem Evokationsdreieck außerhalb dieses Kreises vorzunehmen.

Als Räucherung verwenden wir bei diesen Arbeiten folgende Mischung:

3 Teile frische Blüten des kretischen Diptams
2 Teile Holundermark,
2 Teile Ambra (Harz)
1 Teil Aloeholz

einige Tropfen Rosenblut (Saft der ausgepressten frischen Rose oder Rosenöl)

Die Ingredienzien sollen zermahlen mit Rosenblut getränkt, geknetet und dann zu Kugeln geformt und getrocknet werden. Wichtig ist die Gestirnstellung bei dieser Arbeit. Da wir eine mit dem Venusstern zusammenhängende Kraftballung anziehen wollen, sollte diese Arbeit wie die Evokation selbst, innerhalb eines Venusrituals und dies zu der Stunde stattfinden, an welcher sich Venus im Stier oder den Fischen befindet und dabei nicht negativ von Saturn und Mars bestrahlt wird.

Der Name der anzurufenden Kraft ist „LEIHCANOM". Der Ablauf des Experiments unter den bekannten Bedingungen ist der folgende:

- Wir fundieren in uns die Überzeugung, dass wir, was immer auch geschieht, völlig ruhig und Herr über uns bleiben, und dass uns überhaupt nichts geschehen kann. Wir beschränken uns bei unserem Experiment auf reine Beobachtung, das heißt, dass wir weder irgendeine Reaktion zeigen, noch irgendwie aktiv oder passiv handelnd eingreifen.
- Den schwarzen Spiegel haben wir so vor uns aufgestellt, dass wir bequem sitzend, ohne Anstrengung, in ihn schauen können. Die Räucherschale und die oben genannte Räuchermischung stehen griffbereit parat, wobei bereits drei Kugeln auf der glühenden Räucherkohle liegen.
- Wir starren auf einen Punkt des Spiegels, der dem Auge einen Halt bietet, also einen lichten Reflex. Diese Konzentrationsstelle entspricht dem Punkt vor dem Kristall.
- Nun beginnen wir flüsternd oder geistig den Namen der Kraft zu sprechen, in der rechten Akzentuierung, stets im gleichen Rhythmus, in Monotonie übergehend. Nun steigern wir unsere Trance durch forciertes Atmen, wobei wir jedoch geistig wach bleiben und davon überzeugt sind, dass die gewünschte Wesenheit im Spiegel sichtbar werden wird.

- Bei rechter Durchführung zur rechten Stunde (Venusstunde, am Freitag) endet das Experiment meist damit, dass sich im Spiegel eine Gestalt zeigt, die der Anrufung gefolgt ist. Wir können nun mit diesem Wesen sprechen, Fragen stellen, aber nichts begehren, und sie schließlich zum Schluss mit Dank zu entlassen, was bei diesen Arbeiten auf keinen Fall vergessen werden sollte.

Bei besonders gut disponierten Adepten, oder solchen welche ihre Entwicklung mit großer Ausdauer und Fleiß nachgehen, zeigen sich hier oft auch weitere Phänomene, die von physikalischen bis zu spiritistischen Erscheinungen reichen.
Sollte ein Adept eine besondere Eignung bei sich erkennen, mit dem Kristall oder Spiegel zu arbeiten und sich deshalb in den Meistergraden auf Hellsehübungen und -forschungen spezialisieren, wird er bald ein unabsehbares Tätigkeitsfeld entdecken, dessen Hauptzweige hier nur angedeutet werden konnten.

Auf eine Frage jedoch wollen wir wegen ihrer grundsätzlichen Bedeutung noch eingehen, auf die Frage, ob der besonders gut für hellseherische Experimente Geeignete sich beruflich mit der „Clairvoyance“ (französisch: „Hellsehen“) befassen soll.
Wir raten ganz entschieden ab, und zwar aus einem sehr triftigen Grunde. Ein guter Hellseher ist immer nur derjenige, von dem man nichts hört. Geht er in die Öffentlichkeit, übt die erworbene Fähigkeit gewerblich oder artistisch aus, so ist zu berücksichtigen, dass er nicht immer gleich gut disponiert ist und oft gezwungen wird, auch dann Rat und Auskunft zu geben, was mitunter zu Fehleinschätzungen führt und den Ruf eines Scharlatans einbringt. Was jedoch bleibt übrig, will er nicht Kundschaft und Einnahme verlieren, als seine Gesichte zu konstruieren?! Von hier aber bis zum bewussten Schwindel ist nur ein kleiner Schritt. Je höher die Einnahmen des Hellsehers werden, je höher die Wellen des Reklamerummels und emsiger Geschäftigkeit über ihm zusammenschlagen, umso weiter entfernt er sich von den Quellen, die seine Gabe allein speisen können, umso geringer werden seine Fähigkeiten, bis sie versiegen und nur noch Täuschung bleibt, die nur darauf wartet, den Meister, der sie schuf, selber zu verschlingen.

Weitere Bücher von Raskasar aus dieser Reihe:

Die Runen und das Ogham, ISBN 978-3-89094-475-3

Mit den im Buch enthaltenen Informationen werden praktische Ansätze vermittelt, um mit den Runen wie mit dem Ogham zu arbeiten. Es werden Anleitungen zur Herstellung eines Runen- und eines Ogham-Sets gegeben wobei die Symbole ausführlich erklärt werden. Ferner wird auf die alte Zeitrechnung, den Mondkalender, eingegangen. Eine Auflistung der Feste sowie der Götter runden das Werk ab und vermitteln das nötige Hintergrundwissen.
Die hier vorgestellten Praktiken sollten nur von denjenigen angewendet werden, die sich intensiv mit den geheimen Techniken auseinandergesetzt haben und Magie als Lebensanschauung, nicht als Experimentierfeld betrachten.
Wer jedoch eine fundamentale Einweisung sucht und den magischen Weg als Lebensaufgabe sieht, wird mit den hier vorgestellten Ausführungen ein Werk vorfinden, das ohne viel mystische Verschleierung auskommt und zielführend ist. Demjenigen seien auch die anderen Publikationen des Ordo Arcanum de Hermetica ans Herz gelegt, die ihm auf seinem Weg eine wertvolle Stütze sein werden.

Die vier Elemente in der Magie, Symbole der Autorität,
ISBN 978-3-89094-476-0

Mit den hier enthaltenen Anleitungen werden praktische Ansätze vermittelt, um erfolgreich mit den vier Elementen zu arbeiten. Weiter werden grundlegende Techniken im Bereich der Elementarevokation dargestellt und die Herstellung, Ladung und Verwendung der elementaren Waffen erörtert. Wer im Bereich der Magie fundamentale Einweisung sucht und den magischen Weg als Lebensaufgabe sieht, wird mit den hier vorgestellten Ausführungen ein Werk vorfinden, welches ohne viel mystische Verschleierung auskommt und zielführend ist. Demjenigen seien auch die anderen Publikationen des Ordo arcanum de Hermetica ans Herz gelegt, welche Ihm auf seinen Weg bestimmt eine wertvolle Stütze sein werden.

Edelsteine und das siderische Pendel,
von Frater Raskasar, Sor. Kysira, ISBN 978-3-89094-693-1

Die Verwendung von Edelsteinen hat innerhalb der Magie und der Heilkunde eine jahrtausendealte Tradition. Der Magier schätzt sie vor allem als Akkumulatoren, welche die für die Arbeit notwendige Energie zur Verfügung stellen oder als Speicher von Informationen und des Bewusstseins verwendet werden können. Auch ihre Heilkräfte sind von unschätzbarem Wert, darum gehört das Wissen über die Edelsteine zu den Grundlagen aller magischen Traditionen.
Der Umgang mit dem siderischen Pendel ist aus der Magie nicht mehr wegzudenken. Stellt dieses Werkzeug doch eine wertvolle Hilfe dar, um eine Brücke zum Unterbewusstsein zu bauen, welches mit den morphogenetischen Feldern und den Akasha-Chroniken korrespondiert, um somit eine Antwort zu den allermeisten Fragestellungen zu erhalten, wenn das dazu notwendige Wissen dabei zur Anwendung gebracht wird.
Durch die praxisnahe Vermittlung aus diesen beiden Bereichen – Edelsteine und Pendel – können die hier vorgestellten Vorgehensweisen erfolgreich in nahezu jede esoterische Arbeit integriert werden.

Kundalini - Die Kraft der schlafenden Schlange, ISBN 978-3-89094-576-7

Die Erweckung der Kundalini-Kräfte war in vielen Mysterienschulen ein streng gehütetes Geheimnis. Mit der Erweckung der Kundalini erweitert der Adept sein Bewusstsein und entwickelt die feinstofflichen Kräfte, die ihn in die Lage versetzen, spirituelle Arbeiten wie Hellsehen (Aktivierung des Dritten Auges) oder Hellfühlen (Aurasehen) zu leisten. Diese Kräfte werden vom Adepten durch Übung und Ausbildung immer mehr beherrscht und kanalisiert. Wer jedoch im Bereich der Magie fundamentale Einweisung sucht und den magischen Weg als Lebensaufgabe sieht, wird hier ein Werk vorfinden, das ohne mystische Verschleierung auskommt und zielorientiert ist.

Exorzismus, Die Austreibung böser Kräfte, ISBN 978-3-89094-731-0

Der Glaube an Besessenheit war schon in der Antike allgegenwärtig.
In der christlichen Vorstellung ist jedoch schon jeder Nichtchrist irgendwie vom Teufel befallen, daher stellt bereits die Taufe eine Form des Exorzismus dar.
Besessenheit, die von realen Phänomenen wie Poltergeisterscheinungen, Hellsichtigkeit, und Befähigungen wie die Psychokinese oder der Telepathie usw. begleitet wird, ist eher selten.
Der Exorzismus der Besessenheit ist eine sehr heikle Angelegenheit, die vom Exorzisten eine große psychische und körperliche Stabilität verlangt, wie fundierte Kenntnisse sowohl auf dem Gebiet der Psychologie als auch der Medizin – und natürlich der Magie, insbesondere der Dämonenmagie. Natürlich besteht jedoch kein Zweifel daran, dass der Exorzismus auch eine psychologische Komponente hat. Auf sie führte man auch Krankheiten wie zum Beispiel Epilepsie, Psychosen und Neurosen zurück.
Dieses Buch gibt eine praxisnahe Einweisung und Übersicht über Exorzismen und die entsprechenden Handlungsanweisungen wie ein solcher durchzuführen ist.
Es handelt sich bei diesem Buch um die Ausbildungsmanuskripte des hermetisch magischen Ordens OAH (Ordo arcanum de Hermetica), herausgegeben und autorisiert vom Repräsentanten des Ältestenrates des Ordens, Frater Raskasar.

Telepathie, Die Macht des Geistes nach einer Vorlage von Karl Spiesberger von Frater Raskasar, ISBN 978-3-89094-733-4

Eine allen Magiern zugesprochene Fähigkeit ist wohl die Kunst der Telepathie. Und sicher ist es ein entscheidender Vorteil die Gedanken der uns umgebenen Menschen zu kennen oder anderen Menschen über weite Entfernungen eine Botschaft zukommen zu lassen oder diese sogar manipulieren zu können. Telepathie wird ungefähr so empfunden wie normales Miteinander-Reden. Natürlich klappt das nicht von Anfang an, es kann schon vorkommen, dass am Anfang der Übungen etwas als Ahnung beschrieben wird. Im Laufe der Zeit jedoch wird diese Fähigkeit mit regelmäßiger Übung immer besser, bis Du die Fähigkeit der Telepathie vollkommen beherrschst und die Gedanken anderer Menschen auch dann „hören" kannst, wenn diese sie Dir nicht bewusst übermitteln.

Aus dem Inhalt:

Die Entwicklung der Aufnahmefähigkeit und Sendefähigkeit mit den entsprechenden Übungen, Gedankenlesen und Gedankenmanipulation, Telepathische Beeinflussung, Schutzmaßnahmen gegen fremde Beeinflussung u.v.m. ...